Michael Lortz

Geschichte der evangelisch-reformierten Gemeinde Oberseebach-Schleithal

Nach urkündlichen Quellen bearbeitet

Michael Lortz

Geschichte der evangelisch-reformierten Gemeinde Oberseebach-Schleithal
Nach urkündlichen Quellen bearbeitet

ISBN/EAN: 9783743455375

Hergestellt in Europa, USA, Kanada, Australien, Japan

Cover: Foto ©Lupo / pixelio.de

Manufactured and distributed by brebook publishing software (www.brebook.com)

Michael Lortz

Geschichte der evangelisch-reformierten Gemeinde

Oberseebach-Schleithal

Geschichte
der
evangelisch-reformierten Gemeinde
Oberseebach-Schleithal.

Nach urkundlichen Quellen bearbeitet

von

M. Lortz,

Hülfspfarrer in Deutsch-Oth (Lothringen).

„Unter allen evangelischen Gemeinden des Elsasses ist keine, welche so hart und so lange ihres Glaubens wegen bedrängt wurde, und die dessen ungeachtet so viele Standhaftigkeit bewies als die zu Oberseebach und Schleithal."
(T. W. Röhrich, Mitteilungen, Bd. II. S. 512.)

Straßburg
J. H. Ed. Heitz (Heitz und Mündel)
1894.

Meiner lieben Heimatgemeinde

𝔒berseebach- (𝔖chleithal-𝔑iederseebach)

und ihrem treuen Seelsorger,

Herrn Pfarrer Lutz,

meinem väterlichen Freunde,

widme ich dieses Büchlein in dankbarer Gesinnung.

Abkürzungen.

R. K. O. = Reformiertes Kirchenarchiv in Oberseebach.
C. O. = Archiv der Civilgemeinde Oberseebach.
C. Sch. = „ „ „ Schleithal.
C. A. = „ „ „ Altenstadt.
B. = Königlich Preußisches Geheimes Staatsarchiv in Berlin.
St. = Bezirksarchiv in Straßburg.
K. = Generallandesarchiv in Karlsruhe.
Sp. = Königlich Bayerisches Kreisarchiv der Pfalz in Speier.

Vorwort.

Ueber die Geschichte der evangelisch-reformierten Gemeinde von Oberseebach-Schleithal sind meines Wissens bis jetzt drei Monographien erschienen:

1. F. W. Röhrich: „Die evangelich-reformierte Gemeinde in Oberseebach und Schleithal," in dem Artikel: „Proselytismus im Elsasse," protestantisches Kirchen- und Schulblatt für das Elsaß. April 1837, Nr. 4. — Mit einigen Erweiterungen und zugefügten Noten ist dieser Aufsatz auch in Röhrichs „Mitteilungen aus der Geschichte der evangelischen Kirche des Elsasses, Paris und Straßburg 1855, II, S. 512 ff. aufgenommen worden.

Obwohl die leitenden Ideen, die grundlegenden Gedanken und treibenden Motive bei Röhrich im großen und ganzen richtig dargestellt sind, werden wir doch im Laufe unserer Arbeit häufig Gelegenheit haben, darauf hinzuweisen, mit wie großer Vorsicht dessen Angaben von geschichtlichen Daten zu verwerten sind. In Bezug auf die Genauigkeit läßt diese Arbeit in manchen Punkten sehr viel zu wünschen übrig; bei einer näheren Durchsicht des ihr zu Grunde liegenden Quellenmaterials macht sie den Eindruck des Oberflächlichen, ein Uebelstand, welcher Röhrich bei der großen Ausdehnung seiner Forschungen über die ganze Geschichte der elsässischen Kirche nicht zum Vorwurf zu machen ist. Es bleibt immerhin sein unvergeßliches Verdienst, zuerst auf die Geschichte von Oberseebach und Schleithal aufmerksam gemacht zu haben.

2. Nach der von Röhrich gegebenen Anregung fand die Geschichte von Oberseebach-Schleithal eine zweite Bearbeitung, welche jedoch keinen Fortschritt in der wissenschaftlichen Erforschung der Quellen, sondern im Gegenteil einen großen Rückschritt bedeutet. Um seiner Gemeinde deren Geschichte in recht populärer Form vorzuführen, glaubte der frühere Pfarrer L. E. dieselbe in einen Roman einkleiden zu müssen, leider aber zum größten Schaden der Geschichtlichkeit. Im Jahre 1871 erschien in Weißenburg: „Theobald Rittel, ein evangelisches Lebensbild aus der zweiten Hälfte des 18. Jahrhunderts." Bei der Schilderung der Lebensschicksale des Oberseebacher Bürgers Theobald Rittel im Kampfe um die Religionsfreiheit für seine Gemeinde, in welchem er schließlich den Tod fand, bespricht der Verfasser auch die geschichtlichen Verhältnisse früherer Zeiten. Jedoch enthält die ganze Darstellung außer einigen Anklängen an wirkliche Thatsachen nur Dichtung.[1]

3. Einen großen Schritt zum Besseren macht die Jubiläumsbroschüre von dem jetzigen Pfarrer der Gemeinde J. A. Lutz: „Mitteilungen aus der Geschichte der reformierten Gemeinde in Oberseebach und Schleithal, zur Feier des hundertjährigen Jubiläums der Kirche von Oberseebach am Sonntag Jubica, den 11. März 1883."

Dies Schriftchen hat die Fehler der beiden schon genannten Monographien in trefflicher Weise überwunden. Leidet Röhrich an Oberflächlichkeit, so haben wir hier die größte Genauigkeit; fehlt es „Theobald Rittel" an Geschichtlichkeit, so haben wir hier nur Quellenmäßiges. Die Arbeit von Lutz verrät eine gründliche Kenntnis des reformierten Kirchenarchives von Oberseebach, doch ist es sehr zu bedauern, daß sie eben nur „Mitteilungen aus der Geschichte" geblieben ist. Denn

---

[1]. Der Aufsatz im „Elsässischen Evangelischen Sonntagsblatt" 1883 S. 150 ff. über die: „reformierte Gemeinde Oberseebach" lehnt sich ganz an die beiden genannten Arbeiten an und ist darum ohne geschichtlichen Wert.

wenn auf der einen Seite eine meisterhafte Kürze zu loben ist, so vermissen wir auf der anderen eine etwas ausgeführtere Darstellung einzelner Thatsachen, die gerade für die Leser aus der Gemeinde selbst von Interesse gewesen wären; ja es ist sogar manches unberührt geblieben, was wichtig genug gewesen wäre, erwähnt zu werden. Aber trotzdem ist es mit Dank anzuerkennen, daß Pfarrer Lutz durch das, was er auf dem bescheidenen Raume von nur zwei Druckbogen bietet, viel zur Kenntnis der Geschichte von Oberseebach-Schleithal beigetragen hat.

Die genannten Monographieen sind aus dem Grunde nicht erschöpfend, weil den betreffenden Verfassern die Quellen in einem sehr beschränkten Maße zu Gebote standen. Es sind dies, abgesehen von einigen Urkunden, die in Struves „Churpfälzischer Kirchenhistorie, Frankfurt 1721," abgedruckt sind, lediglich das Oberseebacher reformierte Kichenarchiv, welches außer einem Kirchenbuche von 1655—1685 noch viele andere unvergleichlich wertvolle Dokumente und Manuskripte enthält. Ohne Zuziehung weiteren Materials muß aber eine Monographie sehr lückenhaft bleiben.

Zum erstenmale wird nun in vorliegender Arbeit die Geschichte der reformierten Gemeinde Oberseebach-Schleithal auf Grund ausgedehnterer Quellenforschung beschrieben. Zwar lassen uns die Quellen bei manchen Abschnitten im Stich, sodaß hie und da eine Lücke entsteht, jedoch gereicht es uns zur größten Genugthuung, gerade über die interessanteste Zeit, das Jahrhundert der Verfolgung und des Kampfes um Religions- und Gewissensfreiheit (1679—1780), eine annähernde Vollständigkeit erzielt zu haben.

In Bezug auf das gedruckte Quellenmaterial mögen nur über die hauptsächlichsten Werke, welche in dieser Arbeit berücksichtigt sind, einige Worte gesagt werden.

Aktenmäßiges haben wir gefunden in zwei alten Zeitschriften:

a. „Monatlicher Staatsspiegel; worinnen alles Merkwürdige, so in Europa vorgehet, absonderlich die im Heil. Röm. Reich vorfallende Geschäffte u. s. w. u. s. w. zu sehen und anzutreffen — —." Augsburg bei Andreas Maschenbauer 1700 ff., von 1703 ab bei Daniel Walder.

b. „Europäische Staats-Canzlei — — durch Antonium Fabrum, Historiographum". 1697 ff.

Diese beiden Schriften sind für ein eingehendes Geschichtsstudium der ersten Jahrzehnte des vorigen Jahrhunderts unentbehrlich. — Was sie auf das Kirchliche, besonders aber auf das Corpus Evangelicorum Bezügliche bringen, ist mit Hinzufügung vieler anderer Aktenstücke aufgenommen in folgenden beiden Werken:

a. „Eines sämmtlichen auf dem noch fürwährenden Reichs-Tage zu Regensburg versammelten Hochlöblichen Evangelicorum Corporis Völlige Religions-Negotiationen — — verhandelte Acta — — Gedruckt im Jahr MDCCI."

b. „Vollständige Sammlung Aller Conclusorum, Schreiben und anderer übrigen Verhandlungen des Hochpreißlichen Corporis Evangelicorum — — Von E. Chr. W. von Schauroth. Regensburg gedruckt bei H. G. Neubauer 1751."

Aus den bisher genannten Werken ist alles das, was sich auf die religiösen Angelegenheiten der Pfalz bezieht, aufgenommen in: „B. G. Struvens Ausführlicher Bericht von der Pfälzischen Kirchen-Historie — — Frankfurt 1721." Dieses Buch bringt mit viel Fleiß eine große Menge von Akten in wörtlichem Abdruck und ist deßhalb von unvergleichlichem Werte für das Studium der Geschichte der beiden protestantischen Kirchen in der alten Kurpfalz im Allgemeinen, und besonders der Verfolgung, die von Kurfürst Johann Wilhelm über unsere Gemeinden erging (1697—1709).

Ueber das Verhältnis der französischen Regierung zu den kirchlichen Angelegenheiten von Oberseebach-Schleithal geben uns Aufschluß die «Ordonnances d'Alsace, Colmar 1775» und einige Briefe des Intendant d'Alsace, Herrn d'Angervilliers, welche abgedruckt sind in: «Bulletin de la société pour la conservation des monuments historiques d'Alsace; II. Serie, X. Volume.»

Dies sind die gedruckten Werke, für die wir eine Besprechung als nötig erachteten. Wo wir noch andere Bücher benutzten, haben wir jedesmal in einer Randnote darauf hingewiesen.

Dazu kommen ergänzend und in vielen Stücken Neues erschließend:

a. Das schon erwähnte „reformierte Kirchenarchiv in Oberseebach".

b. Das „Archiv der Zivilgemeinde von Oberseebach." Dasselbe enthält die katholischen Kirchenbücher, welche im Jahre 1793 durch Beschluß der französischen Regierung von den katholischen Geistlichen abgegeben werden mußten. Es geben dieselben besonders über Schwierigkeiten bei Taufen reformierter Kinder und Trauungen reformierter Ehepaare durch den katholischen Pfarrer und, was wichtiger ist, über die reformierten Konvertiten aus der zweiten Hälfte des vorigen Jahrhunderts einigen Aufschluß. Weniger Ausbeute bieten dieselben Bücher von Schleithal und Altenstadt sowie der anderen Nachbargemeinden. Dagegen enthält das Archiv von Altenstadt anderes für uns verwendbares Material.

c. Von hervorragender Bedeutung sind die Aktenstücke, welche in dem „Königlich Preußischen Geheimen Staatsarchiv" in Berlin aufbewahrt werden. Es sind dies Korrespondenzen und Verhandlungen der Könige von Preußen über die Religionsbeschwerden der Gemeinde von Oberseebach-Schleithal mit Frankreich, Kurpfalz, dem Fürstbischof von Speier, dem Corpus Evangelicorum u. a. Hier ist eine der wichtigsten Quellen für die Freiheitskämpfe der

Gemeinde während der drei ersten Jahrzehnte des vorigen Jahrhunderts.[1]

d. Auf dem „Bezirksarchiv in Straßburg" befinden sich einige katholische Kirchenvisitationsprotokolle von Oberseebach und Schleithal aus dem vorigen Jahrhundert, sowie mehrere Manuskripte über die Stellung der Protestanten im Allgemeinen unter der französischen Regierung.

e. Das „Generallandesarchiv in Karlsruhe" enthält ein „Register der reformierten churfürstlichen Pfarrer und Schuldiener 1585—1621" sowie „Protokoll der churpfälzischen geistlichen Administration von 1571." In beiden befinden sich mehrere Notizen über unsere Gemeinde.

f. In dem „Königlich bayerischen Kreisarchiv der Pfalz" in Speier befindet sich einiges Material aus der vorreformatorischen Zeit der Gemeinde, unter welchem besonders die kultusstatistischen Aktenstücke von 1556 an sehr wertvoll sind. Hier wird auch eine Urkunde aus dem dreißigjährigen Kriege aufbewahrt, die einzige, welche wir aus dieser traurigen Zeit bei unseren Nachforschungen ausfindig machen konnten.

Vergebens waren unsere Nachfragen bei den Pariser Archiven. Nicht einmal der Name unserer Gemeinde, so erging von dort die Nachricht an uns, sei darinnen zu finden. Sicher müssen dort aus der französischen Zeit derselben ausgedehnte Archivalien vorhanden gewesen sein, die allem Anscheine nach verloren gegangen sind.

Denselben Mißerfolg hatten unsere Erkundigungen auf dem Bezirksarchiv in Colmar. Wie aus anderen Quellen hervorgeht, wurden bei dem früheren «Conseil supérieur» daselbst oft Verhandlungen gepflogen über die reformierte Ge-

---

[1] In diesem Archiv befindet sich noch sehr viel bis jetzt unbenutztes Quellenmaterial für die Leidensgeschichte der reformierten Kirche in der alten Kurpfalz.

meinde von Oberseebach und Schleithal, aber leider ist keine
Spur derselben mehr zu finden.

Noch bedauerlicher ist der Umstand, daß das Archiv
des ehemaligen Heidelberger Kirchenrats nicht zu finden ist.
„Nach begründeten Vermutungen eines Referenten an unserer Stelle," so wird uns durch das Königliche allgemeine
Reichsarchiv in München berichtet, „ist dasselbe schon seit 1792
u. ff. abgängig und damals wohl vom Kirchenrate in Heidelberg selbst, d. h. auf eigne Faust, ohne Zuhülfenahme der
Oberbehörde an unbekannten Ort hingeflüchtet worden." Möge
es einem glücklichen Forscher gelingen, diese für das Studium
der alten kurpfälzischen Kirche äußerst wichtige Quelle aufzu-
finden! Dadurch würde man einen Einblick in alle Fragen
auf diesem Gebiete erhalten.

Wie aus dem Gesagten hervorgeht, kann die vorliegende
Arbeit keineswegs den Anspruch auf Vollständigkeit erheben.
Etwas fertig Zusammenhängendes fand sich nirgends, sodaß
wir den verwandten Stoff überallher, wo wir etwas vermuten
konnten, zusammentragen und größtenteils aus dem Rohmaterial
herausarbeiten mußten. Vielleicht mag auch da oder dort noch
etwas vorhanden sein, das wir nicht ahnten.

Einleitung.

Die Geschichte der reformierten Gemeinde Oberseebach-Schleithal dürfte nicht nur für jeden Angehörigen unseres lieben engeren Vaterlandes von Interesse sein, da sich in der ganzen elsässischen Kirchengeschichte keine gleiche Erscheinung wiederfindet,[1] sondern wir glauben sogar, daß dieselbe auch über die Grenzen des Elsaß hinaus Interesse verdiene: gaben doch die Verhältnisse der an sich ziemlich kleinen Gemeinde des öfteren Anlaß zu ernsten Verhandlungen zwischen Preußen, England und den Generalstaaten von Holland einerseits und der Kurpfalz, Frankreich und dem Bistum von Speyer anderseits.

Die genannten Ortschaften, Oberseebach und Schleithal, deren Geschichte auf den folgenden Blättern dargestellt werden soll, liegen 4 Kilometer von einander entfernt, ersteres an der Straße von Weißenburg nach Selz, letzteres an derjenigen von Weißenburg nach Lauterburg. Folgende benachbarte Orte werden in der vorliegenden Arbeit noch genannt: Altenstadt mit Schweighofen, Hofen, Hunspach, Ingolsheim und Kleeburg, sämmtliche zwischen 4 und 7 Kilometer von Oberseebach entfernt. Auf kleinem Raume spielt sich hier eine Geschichte ab, welche durch mannigfaltige Wechselfälle in früheren Jahrhunderten den modernen Forscher mit der größten Bewunderung zu erfüllen vermag.

Oberseebach selbst hat von den genannten Ortschaften wohl die beste Lage inmitten ausgedehnter, ungewöhnlich fruchtbarer Felder, auf welchen das ganze Jahr hindurch die größte Regsamkeit herrscht. In seiner nächsten Nähe ist das Dorf umringt von einem dichten

---

[1] Vgl. T. W. Röhrich, Mittheilungen der Geschichte der ev. Kirche des Elsasses II, S. 512.

Walde fruchtbarer Obstbäume, zwischen denen nur hie und da ein weißer Hausgiebel und die beiden Kirchtürme malerisch hindurchblicken. Betreten wir die Straßen des Ortes, so entwickelt sich vor unsern Augen ein Bild großer Wohlhabenheit: die weißgetünchten, innen und außen reinlichen Häuser, die bequemen Wirtschaftsgebäude, die geräumigen, wohleingerichteten Gehöfte, die nach der Ernte gefüllten Scheunen, die von glatten Rindern bewohnten Ställe, die schönen, stolzen Pferde, die kräftigen, wohlgenährten Männer, die in Gesundheit blühenden Mädchen und Frauen, die wohlaussehenden und für ein Dorf reinlich gekleideten Kinder, — dies alles zeigt, daß hier Fleiß und Ordnung herrschen und daß der Landmann durch den Ertrag des Bodens für seine Mühe reichlich belohnt wird.

Aehnliche Verhältnisse treffen wir in Schleithal, wenn auch hier die Wohlhabenheit derjenigen von Oberseebach etwas nachsteht. Schleithal, auch Langenschleithal genannt, zieht sich von einer einzigen, 4 Kilometer langen Straßen von Nordwesten nach Südosten. In der Mitte des Dorfes steht die katholische Kirche mit dem katholischen Schulgebäude und ganz am nördlichen Ende das reformierte Kirchlein mit einem kleinen Schulhause.

Oberseebach ist ungefähr von der halben Längenausdehnung, jedoch hat es zwei parallel laufende, ziemlich gerade und breite Straßen. Am südlichen Ende steht die katholische Kirche, nicht weit vom nördlichen die evangelisch-reformierte. Bei der katholischen Kirche ist die katholische Schule, bei der reformierten die reformierte Schule, beide mit je einem Lehrer und zwei Lehrerinnen besetzt. Ebenso wohnen auch die Bekenner der beiden Konfessionen getrennt von einander: in der südlichen Hälfte die Katholiken, in der nördlichen und schöneren die Protestanten. In der Mitte des Dorfes steht ein stattliches mit einem Glockenturme versehenes Rathaus am geräumigen, mit einer hübschen Linde bepflanzten Platze.[1]

Beim ersten Blick auf die reformierte Kirche fällt deren beson-

---

[1] Die Linde ist von Herrn Bürgermeister Heusch in Bischweiler, Schwiegersohn des früheren Pfarrers Elles in Oberseebach, der runde Aufbau (rondelle), welcher von den alten Festungswerken in Weißenburg stammt, von dem früheren Kreisdirektor von Stichaner gestiftet worden.

dere Bauart auf: der Glockenturm ist neuen Ursprungs und steht seltsamerweise vor der Mitte der Langseite direkt an der Straße; man sieht, daß er ursprünglich nicht zur Kirche gehörte. Das Schiff unterscheidet sich nicht viel von einem gewöhnlichen Bügerhause, ähnlich der Straßburger reformierten Kirche; es hat eine doppelte Reihe übereinandergebauter Fenster ohne jegliche Malerei und Farben, und man erkennt jetzt noch deutlich die Spuren früherer Läden daran. An dem Nordgiebel, dem Pfarrhause gegenüber, ist mit Eisenstäben die Jahreszahl 1782 angebracht, eine Zahl, die in der Geschichte von Oberseebach ein Gnadenjahr bezeichnet, das angenehme Jahr des Herrn: denn mit ihm ging eine hundertjährige Glaubensverfolgung und Gewissenstyrannei zu Ende. Der bekannte elsässische Kirchengeschichtsschreiber T. W. Röhrich sagt:[1] „Unter allen evangelischen Gemeinden des Elsasses ist keine, welche so hart und so lange ihres Glaubens wegen bedrängt wurde, und die dessen ungeachtet so viele Standhaftigkeit bewies als die zu Oberseebach und Schleithal".

---

[1] Mitteilung II, S. 512.

Einteilung.

Erster Abschnitt. Die Zeit von der Reformation bis zur Annexion durch Ludwig XIV. (1569—1679.)

Kapitel I. Die Vorgeschichte (—1569).
Schicksal der Ortschaften im Mittelalter.

Kap. II. Von der Einführung der Reformation bis zum Beginn des dreißigjährigen Krieges (1569—1618).
Zustände, welche die Reformation in den Gemeinden traf. — Neugestaltung der Verhältnisse.

Kap. III. Der dreißigjährige Krieg (1618—1648).
Schicksal der Gemeinden in materieller und in kirchlicher Hinsicht.

Kap. IV. Die Zeit vom Westfälischen Frieden bis zur französischen Reunion (1648—1679).
Wiederherstellung des äußeren Wohlstandes durch Kurfürst Karl Ludwig. — Religiöse und sittliche Erziehung des Volkes: Kirchenzucht. — Untersuchung der Gründe für die Standhaftigkeit der Gemeinden in der nun kommenden hundertjährigen Verfolgung.

Zweiter Abschnitt. Die Zeit der Verfolgung (1679—1780).

Kap. I. Unter Ludwig XIV. allein (1679—1697).

Kap. II. Unter Frankreich und der Kurpfalz (1697—1709).
Ryswicker Frieden mit der Klausel zum vierten Artikel (1697). — 12 Bürger werden eingesperrt (1698). — Eine Dragonade (1700). — Religionsdeklaration von Düsseldorf (1705). — Wiederholte Bedrückungen durch Herrn Mannebach, kurpfälzischen Amtmann und französischen préteur royal. Schicksal des Pfarrers Artzen (1707).

**Kap. III. Unter Frankreich und den Bischöfen von Speier
(1709—1780).**

Die Bedrückungen werden von Mannebach fortgesetzt. — Gefangennahme eines Schulmeisters (1722). — Reformierte Brautpaare. — Reformierte Taufpathen. — 5 Bürger werden nach Colmar abgeführt (1750). Erlebnisse des reformierten Vikars Jüngst in Schleithal (1752). — Konvertitenverzeichnis. — Letzter Kampf und endlicher Sieg. Theobald Rittel (1778—1780).

Dritter Abschnitt. Die Zeit der Religionsfreiheit (1780—-)

Bau des Bethauses. — Pfarrer Bleyenstein.

Erster Abschnitt.

Die Reformation bis zur Annexion durch Ludwig XIV. — (1569—1679).

Kapitel I.

Die Vorgeschichte. (— 1569.) — Schicksal der Ortschaften im Mittelalter.

Von dem Ursprung unserer beiden Ortschaften können wir nichts Bestimmtes sagen. Zum erstenmal wird Oberseebach genannt in einem Diplom Ottos II., Verona, den 8. November 967, in welchem sich die erste Beschreibung der Grenzen der Weißenburger „Emunitas" befindet.[1] Schleithal wird hier nicht genannt, wahrscheinlich nur aus dem Grunde, weil es außerhalb der Grenzen der Mundat lag. Zum erstenmale treffen wir es in einem pergamentenen Briefe aus dem Jahre 1311, kraft dessen es von Kaiser Heinrich mit Oberseebach und andern Dörfern dem Abt und Konvent zu Weißenburg „wiederumb eingeraumbt und zugestellet wird". In diesem Briefe und in andern Akten aus der folgenden Zeit erscheint Schleithal stets mit einer reich dotierten Kirchenvogtei.[2]

Das schon genannte Diplom Ottos II. und andere Dokumente aus dem Mittelalter zeigen uns, wie sehr das damalige topographische Aussehen der ganzen Gegend von dem heutigen verschieden

---

[1] Vgl. Zeuss, Traditiones possessionesque Wizemburgenses. Spirae 1842. p. 317.
[2] Sp.: Hochst. Sp. fol. 883. L.M.N. 1—59. — fol. 1, Nr. 1. — Es würde uns zu weit führen, wollten wir hier näher auf diese interessanten Mitteilungen eingehen.

war. Es werden Ortschaften genannt, von denen in der jetzigen Zeit jegliche Spur verschwunden ist, wie „bobemelosenstamphe" und „kirkendale" dicht bei „sebach". Nur eine der verschwundenen Ortschaften dicht bei Oberseebach wird auch später noch oft erwähnt: „unaharesbach" in einem Diplom Heinrichs IV. aus dem Jahre 1067 [1], „warnspach" in einem solchen des römischen Königs Albert von 1303.[2] Wir finden das „Dorf Warensbach" auch noch in einem Akte Heinrichs VII. von 1311 [1], und Balthasar Böll kennt es im Jahre 1525.[3] In dieser Zeit jedoch scheint es schon die Bedeutung eines eigentlichen Dorfes verloren zu haben, sonst wäre es wohl in dem „Vertrage zwischen der Pfalz und dem Stiefft von Weyssenburg 1521"[4] genannt wie auch in „Verzaichnussen aller pfarrn, Kirchen, pfrunden, Schulen, Glöcknereien gesell" aus dem Jahre 1556.[5] Während es nachher in Herzogs Elsässer Chronik[6] von 1592 noch erwähnt ist, findet es sich auf Daniel Specklins Landkarte von 1576 gar nicht, ein Zeichen, daß es damals schon sehr herabgesunken war. In den «Ordonnances d'Alsace» wird es aus verschiedenen Zeiten noch oft genannt, jedoch mit schwankender Bezeichnung als Dorf und als Weiler, an manchen Stellen aber, wo man es sicher erwartete, fehlt es. Auch Schöpflin[7] kennt es nur noch als „villa," während es früher ein, „vicus" gewesen sei. In den Kirchenbüchern von Oberseebach und Schleithal aus dem vorigen Jahrhundert bedeuten die Namen Warschbach und Frohnackerhof stets dasselbe, ein Gehöfte, das, jetzt noch aus 7 Häusern bestehend, etwa 10 Minuten von Oberseebach entfernt liegt, dicht bei einem kleinen Bache und einer Flurabteilung, die heute noch Warschbach heißen.[8]

Von Wichtigkeit war in früheren Zeiten das Maltesergut

---

[1] Zeuss p. 319.
[2] Zeuss p. 324.
[3] „Der Bauernkrieg um Weißenburg", 1874 S. 9.
[4] Sp.: Hochst. Sp. 836 fol. 36 u. 883 L.M.N. fol. 43.
[5] a. a. O. fasc. 306b.
[6] Buch X. 178.
[7] Alsatia illustrata, Colmariae 1761. I. 650. II. 429.
[8] Mit diesen Auseinandersetzungen scheint Rheinwalds Ansicht («L'Abbaye et la ville de Wissembourg 1865»), daß Warschbach eine ältere Schreibart von Aschbach sei, genugsam widerlegt zu sein. Rheinwald ist schon in ganz geringfügigen Dingen nicht zuverlässig.

„Geitershof", damals „Kaisershofen" genannt. Es gab ein „Ober-" und ein „Niederkaisershofen". Heute sind nur noch einige Häuser vorhanden an der Stelle des alten Oberkaisershofen, 10 Minuten nördlich von Oberseebach. Das übrige, darunter ein großartiges Schloß, wurde während der französischen Revolution zerstört. Noch nicht lange ist es geschehen, daß einem Bauern beim Pflügen zwei Pferde in einen, nur mit wenig Erde bedeckten Brunnen fielen; ein anderer stieß mit seinem Pfluge auf eine gepflasterte Fläche. Ueberhaupt gibt es unzählige Stellen im Felde bei Oberseebach, auf welchen immer wieder Ueberreste alter Gebäude zum Vorschein kommen. Im vorigen Jahrhundert noch werden in den Oberseebacher Kirchenbüchern die Gehöfte „Wolfsteich" und „Hausau" genannt, von welchen auch nicht die geringste Erinnerung mehr im Volke vorhanden ist. Besonders das letztere scheint ziemlich bedeutend gewesen zu sein, denn manchmal sind in einem Jahre mehrere dort geborene Kinder in Oberseebach getauft worden.

Auch Oberseebach selbst hat sich im Laufe der Zeit in Bezug auf seine Lage und Ausdehnung sehr verändert. Es erstreckte sich früher viel weiter nach Süden, während der jetzige nördliche Teil lange nicht so dicht bebaut war. Die Stelle der heutigen katholischen Kirche, früher der einzigen des Ortes, bildete damals jedenfalls die Mitte des Dorfes; dasselbe hat sich nun in der Weise verschoben, daß die katholische Kirche jetzt das südlichste Gebäude ist. Dies zeigen auch Reste von Gebäuden, die man im Süden des Dorfes findet, sobald man auf den Feldern nur einige Fuß tief gräbt. Wie sehr hat sich also das Aussehen dieser Gegend im Laufe der Jahrhunderte verändert! Es liegt hier ein Stück Geschichte begraben, das zum Teil für uns auf immer verloren ist. Wie viele zerstörende Kriege und Fehden zogen über diese Gegend, bei welchen immer das Landvolk die Fehler und Vergehen seiner Herren büßen mußte! So wurden die Ortschaften Altenstadt, Schweighofen, Oberseebach, Schleithal u. a. in dem pfälzischen Fürstenkrieg (1460—1470) wiederholt von feindlichen Haufen überfallen, geplündert und verbrannt.[1]

---

[1] Vgl. Ludwig Häußer, Geschichte der rheinischen Pfalz I. 357. Rheinwald S. 121 u. 146. Strobel, vaterländische Geschichte III, 238 u. 283. ff. — Besonders interessant ist die gleichzeitige Chronik des Weißenburger

Die 4 genannten Dörfer, die das Amt Altenstadt bildeten, blieben auch nach dem pfälzischen Fürstenkriege noch lange ein Zankapfel zwischen dem Stifte von Weißenburg und dem Herzog von Zweibrücken-Veldenz. Da aber der Abt von Weißenburg für sich allein nicht mächtig genug war, seine Rechte nach außen zu verteidigen, wählte er den Kurfürsten von der Pfalz zu seinem Beschützer, und nach einer Urkunde des Bischofs Philipp I. von Speier (1504 —1513), vom 4. Dezember 1504, soll das Stift Weißenburg welches zu der Diözese dieses Bischofs gehörte, von Kurpfalz wieder in die verlorenen Rechte auf die vier Dörfer eingesetzt werden, wenn letztere dieselben sämmtlich oder teilweise zu Händen bekommen hätte.[1] Natürlich war es dem Kurfürsten weniger um den Vorteil der Abtei Weißenburg zu thun, als um seinen eigenen Zuwachs, und so setzte er denn auf dem Reichstag zu Worms 1521 durch, daß ihm vom Kaiser die vier Dörfer des Amtes Altenstadt mit Vogtei und aller Obrigkeit übergeben wurden. Der Abt, damit nicht zufrieden, erlangte, daß er auf einem Tage in Heidelberg, Freitag nach vincula Petri (2. August) 1521, wieder in ihren Besitz kam, jedoch mußte er dem Kurfürsten die Hälfte derselben zum erblichen Lehen überlassen, sodaß „solch dorff alß Jn einer Ungesunderten gemeinschaft vermischt seye." Einem jeden der beiden Vertragschließenden wurden bestimmte Rechte im Amte Altenstadt vorbehalten[2]

Ratsherrn Eilhart Arzt, gedruckt bei F. J. Mone, badisches Archiv, Karlsruhe 1827. Band II, 244 ff.

[1] Dies und das Folgende: Sp.: Hochst. Sp. 836 fol. 33.

[2] Zu dem Grunde für die Abtretung, den Strobel IV, 64 angibt, möchte ich noch den hinzufügen, daß der Abt dadurch Geld zu erlangen hoffte für sein verschwenderisches und ausschweifendes Leben und mächtige Unterstützung in seinen Streitigkeiten mit der Bürgerschaft. — Ferner soll es bei Strobel nicht „Schweigen," sondern „Schleithal" heißen; ersteres wird in dem ganzen Vertrage nicht genannt. — Eine wörtliche Abschrift des Vertrags, welche in Speier aufbewahrt wird, weiß auch nichts von der Bestimmung, die Strobel anführt, daß die vier Dörfer abgetreten seien „unter der Bedingung, daß, wenn der Landvogt in denselben Truppen ausheben würde, der Pfalzgraf nicht in gleicher Weise dasselbe thun dürfe." Was vollends die Auseinandersetzungen in der «Ordonnances d'Alsace» angeht, so beruhen dieselben auf einer sehr mangelhaften wissenschaftlichen Untersuchung, um nicht zu sagen einer Fälschung. Es heißt nämlich I, 85: «En l'année 1521 l'Electeur Palatin fit les reprises au Prévôt de Wissembourg pour les villages d'Altenstadt, Schleithal, Seebach et Schweighofen, dépendans du Mundat de Wissembourg.»

wofür der Kurfürst an das Stift jährlich 50 Reichsthaler zu bezahlen hatte. Dieser aber hatte, was für unsere Gemeinden von Wichtigkeit ist, das ius patronatus, vermöge dessen er die Reformation einführen durfte.[1]

Kapitel II.

Von der Einführung der Reformation bis zum Beginn des dreißigjährigen Krieges (1569—1618). — Zustände, welche die Reformation in der Gemeinde traf. — Neugestaltung der Verhältnisse.

Die Anfänge der Reformation in Weißenburg scheinen für unsere Gemeinden ohne Einfluß gewesen zu sein. Es war erst einer späteren Zeit vorbehalten, denselben das Licht des Evangeliums zu bringen. Und welch' dunkele Verhältnisse traf die Reformation in dem Amte Altenstadt! Ein Bild davon können wir uns machen aus einem Aktenstücke vom Jahre 1556.[2]

Altenstadt, so heißt es in demselben, zählte mit Schweighofen 80 „Herdstetten"[3] und bildete eine „pfarr", eine „Caplaney" und eine „Früemeß." Die „Behausung der Caplaney war aber gar zerfallen" und es war „kein schul da zu der Altstadt". Wie muß sich auch der „Pfarrherr" mit der Seelsorge beschäftigt haben, wenn

---

p. 86 heißt es: «En l'année 1518, l'Empereur, Maximilien accorda à la ville de Wissembourg les villages de Schleithal, Seebach, Altenstadt, Schweighofen et Warsbach, à la charge de relever toujours de la Landvogtey avec droit de Superiorité, et en l'anné 1521, l'Empereur Charles-Quint confirme la même chose.» In welchem Einklang stehen die beiden Bestimmungen, daß der Kurfürst 1521 die vier Dörfer durch Lehnsvertrag (reprises) von dem Probst erhält und der Kaiser sie in demselben Jahr der Stadt überträgt? Die «Ordonnances d'Alsace» treiben hier nicht Geschichte sondern Politik; es kommt ihnen nicht auf den Thatbestand an, sondern lediglich auf die Zusätze: «dependans du Mandat de Wissembourg» und «à la charge de relever toujours de la Landvogtey», um nach den Bestimmungen des Westfälischen Friedens, ein Anspruchsrecht Frankreichs auf die vier Dörfer zu begründen.

[1] Struve S. 259.
[2] „Verzaichnussen aller pfarrn, Kirchen, pfrunden, Schulen, Glöcknereien gefell 1556 gen hof überschickt. Sp.: Hochst. Sp. fasc 306 b.
[3] Familie, Haushaltung.

in ein offizielles, an den Hof gesandtes Schriftstück, geschrieben werden mußte: „wißen nit wievil der Communicanten ßein?"

Schleithal, „ein herrlich groß Dorff", hatte „140 Herbtstetten und 500 Communicanten Jung und alt", dabei aber war „kein Schul behalben".

Seebach war „ein Dorf von 70 Herbtstetten und 300 Communicanten Jung und alt", jedoch ohne Pfarrer, den das Stift von Weißenburg einzusetzen verpflichtet war. Dazu war die Kirche in einem solchen Zustande, daß es von ihr heißt: „Die kirch ist gar baufellig, will einfallen", und weiter heißt es: „ist Kein schul da, auch Kein mensch der schreiben oder leßen kann". -

Für diese Leistungen ließ sich die Kirche reichlich bezahlen an Geld und Naturalien, und welche Willkür mußte beim Eintreiben derselben geherrscht haben, wenn es z. B. von Oberseebach heißt „waißt niemant von den gesellen zu sagen", und es also dem Collator und Zehntherrn freistand, wann und wieviel er eintreiben wollte?

Bei solchen Zuständen konnte es natürlich nicht ausbleiben, daß das Volk in religiöser und sittlicher Beziehung auf einer sehr niederen Stufe stand, zumal da seine berufenen Leiter und Erzieher, die Geistlichen, selbst einen wenig erbaulichen Lebenswandel führten.[1] Um so höher war daher der gute Einfluß zu schätzen, welchen die Reformation auf die Bevölkerung ausübte.

Leider liegt für uns der Gang der Reformation im Amte Altenstadt während ihres ganzen ersten Jahrhunderts beinahe völlig im Dunkeln; nicht einmal das genaue Datum ihrer Einführung kennen wir. Wie aus den schon genannten „Verzaichnußen u. s. w." hervorgeht, waren die Ortschaften im Jahre 1556 noch katholisch. 1569 finden wir als reformierten Pfarrer Martin Spörlin in Oberseebach, 1570 Michael Eckert in Schleithal.[2] Ob sie die ersten sind,

---

[1] Vgl. Struve S. 259.
[2] Röhrich nennt Schanzenbach als den ersten Pfarrer von Oberseebach 1587 (B. II, 530 u. 6.); er war jedoch, falls nicht vor Spörlin schon ein anderer dort war, der fünfte. — Von Schleithal weiß Röhrich nur, daß es im „Anfang des 17. Jahrhunderts einen eigenen Pfarrer besaß." Er sieht Oberseebach und Schleithal zu dieser Zeit zusammen als eine Pfarrei an, was nicht richtig ist. In seinem Verzeichnis der Pfarrer zu Oberseebach und Schleithal (II, 530) nennt er von letzterem Orte nicht einen einzigen, während doch seine Quelle hierfür: Pfarrer

können wir nicht sagen; daß sie aber schon vorher in den Gemeinden waren, ist wahrscheinlich. Denn sonst wäre ein jeder nur ein Jahr an seiner Stelle gewesen, weil schon 1570 Johann Ebinger in Oberseebach und Johannes Huckelius in Schleithal genannt werden.[1]

Von dem Amtsorte Altenstadt konnten wir kein zusammenhängendes Verzeichnis der reformierten Pfarrer herstellen. Daß jedoch solche dort waren, läßt sich aus den Gerichtsprotokollen von jener Zeit nachweisen.[2] So werden in denselben genannt den 11. März 1595 Heinrich Rapp, den 13. Dezember 1597 Heinrich Vapäus, den 22. Mai 1604 Abraham Kronius, den 25. März 1608 und den 4. Mai 1613 je zweimal „Pfarrherr allhier" ohne Bezeichnung des Namens.

Mit der Einführung reformierter Pfarrer in unsern Gemeinden ging auch diejenige reformierter Schulmeister Hand in Hand. Während früher, wie wir gesehen, in dem ganzen Amte Altenstadt nicht eine einzige Schule vorhanden war und die Angehörigen von 290 Familien ohne Volksunterricht blieben, erhielt nun jedes Dorf seinen Schulmeister, der mit dem Gehalte des früheren Frühmeßners bezahlt wurde, wozu nach wie vor das Stift von Weißenburg

---

Bleyensteins Einweihungspredigt, Basel 1783, Seite 62, mehrere solcher namhaft macht. Außerdem kennt er von den Pfarrern aus Oberseebach nicht weniger als 14 gar nicht, während er einen anführt, der überhaupt nie dort gewesen ist. Ferner ist nach Röhrich seit 1603 ein Diakon in Oberseebach, der „zugleich Schullehrer in Schleithal war". Wie aus dem oben schon genannten „Register u. s. w." im Generallandesarchiv zu Karlsruhe das auch Bleyenstein richtig aufgenommen hat, hervorgeht, war sowohl der Pfarrer als auch der Diakon in Schleithal selbst. (Siehe Anhang.)

[1] Struve verlegt die Einführung der Reformation im Amte Altenstadt in das Jahr 1571. Aber wie aus dem oben Gesagten und dem „Protokoll der churpfälzischen geistlichen Administration 1571", das im Generallandesarchiv zu Karlsruhe aufbewahrt wird, (siehe oben) hervorgeht, kann die von Struve genannte Kirchenvisitation nicht nur den Zweck der Einführung der Reformation gehabt haben, sondern auch der Prüfung der durch die an manchen Orten schon erfolgte Einführung herbeigeführten neuen Verhältnisse. Jedenfalls hat den Kurfürst die genannten „Verzaichnussen u. s. w." im Jahre 1556 anfertigen lassen, um sich behufs Bestellung reformierter Geistlicher über die Zustände in den Gemeinden unterrichten zu lassen.

[2] C. A.: Gerichtsbuch Nr. 7.

seinen Beitrag lieferte.¹ Wie leicht begreiflich, hatten diese Männer der Volksbildung mit vielen Unannehmlichkeiten zu kämpfen bei Leuten, die an keine Zucht und Ordnung gewöhnt waren. So kam es den 31. Oktober 1598 vor, daß der Schulmeister von Altenstadt „gewald klagen" mußte „uff Hanß Eigenlaub den Strohschnitter, er hab ime ein schelm und ein dieb gescholten und zum öffter mallen ime auß dem Hauß geschmißen".²

Die Erziehung des Volkes überhaupt brachte manche Schwierigkeiten. Manchmal mußte zur Beseitigung alter Unarten und zur Herbeiführung besserer Sitten das Einschreiten des Gerichtes zu Hülfe genommen werden. So heißt es wiederum in Altenstadt den 2. März 1596.² „Melchior Ubes hatt gefreuelt, hatt Himmel voll Sacramendt geflugt Undt gesagt der Hagel und Donner soll das Rathhauß zerschlagen Und alles was oben und unter ime seye". Noch ein anderer Fall möge hier genannt werden: „27. September 1697. Gewald. Stephan Marx klagt gewald wider Dieboldt Wa:ffer Und sein Haußfrau, wie daß sie ime in seinen Hoff gelaufen Und sein frauen ein alte Zotel Und ein alten Deuffel gescholten und 100 Sacramendt und taußend hergott geflugt". Am 26. Oktober 1596 wird ferner Hans Eigenlaub Strohschneider verklagt, weil er „Gott gewaltig gelestert." Solche Fälle, wie die hier verzeichneten, ebenso, wenn einer den andern „maulierte", gehören schon zu den schlimmeren, denn zu dem Gericht durfte nur dann geschritten werden, wenn die seelsorgerlichen Bemühungen des Pfarrers nichts mehr halfen. Durch die Kirchenordnung von 1564 wurde den Kirchendienern „ernstlich aufferlegt und befohlen aus Gottes Wort auf der Cantzel, auch sonsten, da es die Gelegenheit gibt, dem gemeinen Mann einzubilden, daß es nicht genug seye, sich vergeblichen mit dem Namen eines Christen zu rühmen, sondern vonnöthen, daß Wir solchen Unßern Titul und Christentumb mit der That, das ist mit einem christlichen ehrbaren, auffrichtigen Leben,

---

¹ Dem Schleithaler Schulmeister z. B., der den 23. August 1573 dahin kam, bezahlte das Stift neben dem, was er von der Gemeinde bekam, 20 Malter Korn und 35 Gulden. R. K. O.

² C. A.: Gerichtsbuch Nr. 7.

Weßen und Wandel erzeigen u. ſ. w." [1] Ueber die Durchführung dieſer Anordnungen wachten mit offenen Augen der Kurfürſt Friedrich III. und ſeine ganz von kirchlichem Geiſte beſeelten Beamten.

Dieſer Regent, durch den die Reformation in unſern Gemeinden eingeführt wurde, war wohl der gebildetſte Fürſt ſeiner Zeit. An theologiſchen Kenntniſſen überragte er ſogar viele Gelehrten; bei öffentlichen Disputationen ergriff er oft ſelbſt das Wort, und ſeine theologiſchen Schriften zeugen von großem Verſtändnis für die Fragen, welche die damalige kirchliche Welt bewegten. Dabei aber war er der Zeitſtrömung zuwider äußerſt tolerant und hatte bei all ſeinen Handlungen nur die leibliche und geiſtliche Wohlfahrt ſeiner Unterthanen im Auge. Leider können wir, um nicht zu weitſchweifig zu werden, uns nicht weiter mit dieſem ſo intereſſanten Manne beſchäftigen. [2] Unſere Gemeinden aber gelangten unter ſeiner weiſen und trefflichen Regierung zur höchſten Blüte. Die Kirche und Schule, deren Diener aus dem Zehnten der Orte und aus dem Stifte von Weißenburg beſoldet wurden, konnten auch unter ſeinen Nachfolgern aus der ſo talentvollen ſimmerſchen Linie: Ludwig VI. (ſeine lutheriſche Reaktion reichte nicht ſo weit, daß die

---

[1] Vgl.: Richter, die evangeliſchen Kirchenordnungen des 16. Jahrhunderts. II. 282.

[2] Sein kurz vor ſeinem Tode ſelbſtverfaßtes Glaubensbekenntnis lautet folgendermaßen:

"Ich glaube nicht, was der Papſt befiehlt und auch nicht in allen Stücken, was Luther, Zwingli und Calvin ſchreibt, ſondern ich glaube an den dreieinigen Gott und ſetze deſſelben heiliges Wort zum unfehlbaren Grund meines Glaubens. Was mit demſelben nicht übereinſtimmt, ſoll von mir nicht geglaubt werden, und wenn es ein Engel vom Himmel geſchrieben hätte. Und weil in keinem andern Namen Heil zu finden als in dem Namen Jeſu, ſo mag ich weder lutheriſch, noch papiſtiſch noch calviniſch heißen, ſondern bin und nenne mich einen Chriſten. Von der Gnadenwahl glaube ich, daß Gott alle Menſchen zur Seligkeit beruft; daß aber nicht alle Menſchen ſelig werden rührt nicht her vom Mangel des Berufs, ſondern von der Bosheit der Menſchen, welche die angebotene Gnade von ſich ſtoßen. Wo ein rechter Glaube iſt, da müſſen auch die guten Werke, das iſt ein geiſtlich Leben ſein. Und iſt das mein Schluß: Wer an Gott glaubt und ſucht in Chriſti Blut und Tod ſeine Seligkeit und darauf chriſtlich lebt, der kann und muß ſelig ſterben. Im Uebrigen laſſe ich jedem Freiheit des Gewiſſens und bezeuge vor Gott, daß ich auf dieſes Bekenntniß will leben und ſterben".

fernliegenden Landgemeinden davon beeinflußt worden wären), Friedrich IV. und Friedrich V., in Ruhe und Frieden ihre volle Thätigkeit entfalten. Doch allzufrühe wurde diesen glücklichen Zuständen ein Ende gemacht durch den für unser deutsches Volk so verhängnisvollen dreißigjährigen Krieg.

Kapitel III.

Der dreißigjährige Krieg. — (1618—1648).

Schicksal der Gemeinden in materieller und kirchlicher Hinsicht.

Von dem Schicksale unserer Gemeinden während dieser wechselvollen Zeit[1] können wir nur wenig sagen. Schon der Umstand dient jedoch zum Beweise, wie sehr die Zerstörung und Kriegsnot das nördliche Elsaß traf, daß auch nicht eine Spur von kirchlichen Papieren und Akten aus jenen Jahren in der ganzen Gegend zu finden ist. Die Pfarrer mußten sich eben oft flüchten, um nur ihr nacktes Leben zu retten, und was sie zurückließen fiel der Vernichtung anheim durch feindliche Soldaten oder herumziehendes Gesindel. Daher können wir auch nur aus einigen Akten, die im Kreisarchiv von Speier aufbewahrt werden, sowie aus den Verhältnissen, die wir nach Beendigung des Krieges, allerdings auch wieder nur durch sehr spärliche Quellen berichtet, in unsern Gemeinden vorfinden, Schlüsse ziehen über das Ergehen derselben während des Krieges.

Wie bekannt, wurde der unglückliche Kurfürst Friedrich V. im Jahre 1623 in die Reichsacht erklärt und seine herrenlose Pfalz ein Tummelplatz für allerhand Krieger- und Räubervolk. Von Einzelheiten wissen wir nur soviel, daß die Ortschaften des Amtes Altenstadt schon in der ersten Periode des Krieges sehr hart mitgenommen wurden; sie wurden wiederholt von feindlichen Truppen überfallen

---

[1] Die Notiz bei Strobel (IV, 239), daß Oberseebach schon 1610 durch Ernst von Mansfeld verheert wurde, ist uns erst nach dem Abschluß dieser Arbeit zu Gesichte gekommen.

und mußten ungeheure Kriegskosten zahlen. Da aber die Bewohner
die Summen nicht aus ihrem Vermögen aufbringen konnten, waren
sie genötigt dieselben bei dem Bischof von Speier zu entlehnen.[1] So
„seynd 118 044 Gulden schlecht und 8220 Gulden 13 Batzen 2
Pfennig gut Geld von der Landschreiberey des Bisthums von
Speier in anno 1623 der Landschaft beyder Stifft Speier und
Weißenburg vorgestrecket worden, damit sich dieselbe ihrer bei der
hohen Münzensteigerung[2] gemachten und uffgenommenen verderb-
lichen Schuldenlast ledig gemacht." Der Bischof erhielt außer einem
Wucher von 300 %[3] an jährlichen Zinsen 1886 Gulden 8 Batzen 14
Pfennig 1 Heller. Sämmtliche Bürger[4] des Amtes Altenstadt
nahmen von dem Hauptkapital einen gewissen Teil, welchen sie, oder
ihre Nachkommen, soweit diese nach dem Kriege noch vorhanden waren,
im Laufe der Zeit wieder abtrugen. Ein Kapital von 50 Reichsthalern zum Beispiel, welches Jacob Rübsch von Schleithal 1623
aufgenommen hatte, „wurde 1682 von Bartel Weydenmüller und
1725 von Martin Heintz und Michael Probert von Salmbach
wegen dessen Verzinsung auf sich devolviert" und erst 1768 vollständig zurückbezahlt.

Schlimmer noch ging es mit den Geldern, welche die Gemeinde
von Schleithal selbst von dem Bischof entlehnt hatte. Diese war
genötigt zu Michaelis 1623 ein Kapital von 166 ²/₃ Reichsthalern,

---

[1] Sp.: Hochst. Sp. fasc. 135.

[2] Ein Reichsthaler, dessen Wert in den Jahren 1382—1619 ungefähr 1 Gulden 8 Kreuzer ausmachte, betrug im

	Februar 1620	2 Gulden	4 Kreuzer
	Januar 1621	2 „	20 „
	August 1621	4 „	— „
	Januar 1622	7 „	30 „
	Februar 1622	10 „	— „
	März 1622	10 „	— „

(Vgl.: „Verzeichnuß der groben Münz-Sorten: Wie die in anno
1582 bis 1624 ingemein gestiegen und gefallen." Sp.: Hochst. Sp. fasc. 135.)

[3] Der Bischof gab zum Beispiel jedesmal „100 Rthl ahnstatt 600 Gulden." Im Jahre 1623 aber, zur Zeit der Ausleihe, war der Reichsthaler
wieder auf 1 Gl. 30 Kr. gefallen. 10) Rthl sind also 150 Gl; dafür aber
lautete der Schuldschein auf 600 Gulden. Der Bischof hatte also auf 150
Gl. einen Wuchergewinn von 450 Gl. = 300 %.

[4] „Extract aller Kapitalien des Amtes St. Remy u. s. w." — Sp.:
Hoch. Sp. fasc. 135.

zu 1000 Gulden berechnet, aufzunehmen, „worgegen gedachte Gemeind für sich, ihre Erben und Nachkommen des Dorffs eigentümliche Allmenten und Gütern zum Unterpfand eingesetzet und verleget hat." Ferner nahm sie, um einen Rückstand von 2400 Gulden aus dem Jahre 1622, „von einem dreifachen Schatzungsziel herrührend," zu decken, 600 Reichsthaler auf zu Weihnachten 1623, „worgegen aber die Gemeind nicht allein abermahlen alle ihre Allmenten, sondern auch ihre eigenen Güter, soviel vonnöthen versetzet". Von beiden Kapitalien zahlte die Gemeinde Schleithal die jährlichen Zinsen, von ersterem „Michelszins" genannt, bis zum Jahre 1659. Von 1659 bis 1768 geschah dies sehr unregelmäßig. Als nun in dieser Zeit der Bischof von Speier die Hauptsumme mit den rückständigen Zinsen, welche bereits ins Ungeheure angewachsen waren, zurückverlangte, verweigerte die Gemeinde die Zahlung derselben, sodaß es zu einem großen Prozeß kam. Wir haben nicht entdecken können, wie derselbe ausging. 1783, bis zu welchem Jahre unsere Akten darüber reichen, waren die Gelder noch nicht bezahlt. Ist es vielleicht dahin gekommen, daß die französische Revolution einen Strich durch die Rechnung des Bischofs machte? Wo hat aber je ein Krieg einem Volke solche Wunden geschlagen, daß ganze Gemeinden noch über 150 Jahre später darunter zu leiden hatten!

Ueber den Rückgang der Bevölkerung während des Krieges in Schleithal können wir gar nichts, in Oberseebach nur wenig sagen. Es scheint jedoch, daß derselbe sehr bedeutend war, wie überhaupt in der ganzen Gegend. War doch die Bevölkerung der Stadt Weißenburg am Ende des Krieges auf 140 Bürger zusammengeschmolzen.[1] Wir finden unter den Namen, die in einem Manuskripte[2] von 1623 aufgezeichnet sind, manche, die von 1655 an, in welchem Jahre unsere Quellen wieder beginnen, nicht mehr in Oberseebach vorkommen, so: Schlemp, Schatzbach, Gillig, Bohner, Bast, Oberacker, Kermann, Schnester, Heißer, Lorsch,[3] Bauer, Offenbacher, Betsch,

---

[1] Röhrich, Mitteilungen II, S. 173.
[2] Extract aller Kapitalien des Amtes St. Remy u. s. w." Sp.: Hochst. Sp. fasc 135. (Vgl. oben).
[3] Es kommen zwei Bürger dieses Namens vor. Ich glaube jedoch eher, daß diese Familie nicht ausgestorben ist, sondern die Schreibweise von

Bretz. Sämmtliche genannten Familien, von denen 1623 einige noch in mehreren Gliedern bestehen, sind während des Krieges ausgestorben. Nach dem Kriege hatte Oberseebach kaum 200 Einwohner[1] und zwar mit Einschluß der Eingewanderten, welche, besonders von der durch den Krieg wenig berührten Schweiz aus, das nördliche Elsaß wieder bevölkerten. So ist Jakob Chrismann aus dem Bernergebiet Stammvater einer jetzt noch zahlreichen Familie geworden. Auch andere Schweizer werden in dem Kirchenbuche von 1655—1685 genannt, wie: Anna Chrismann, die Schwester des Jakob, ferner Föller, Rinauv, Frey, Matten, Brücke, Schwarz; aus Hessen kam Margaretha Sommer, aus Lothringen Daniel Andreas, Schulmeister, von durchziehenden Truppen war zurückgeblieben Margaretha Lorants, „Tochter des Cornets der französischen Völker". Vor dem Jahre 1655 mögen wohl noch viele andere eingewandert sein, die wir aus Mangel an Quellen nicht ermitteln können. Wenigstens werden von dort an viele Namen in den Kirchenbüchern genannt, die in dem oben erwähnten Verzeichnis von 1623 nicht stehen.

Mehr noch als Oberseebach scheinen die Nachbarsdörfer Zuzug von dem Auslande bekommen zu haben. So gibt es jetzt noch in Kleeburg,[2] besonders aber in Hunspach[3] viele Namen, die eine schweizerische Abkunft andeuten, wie: Deny, Jacky, Jautzky Bertschky, Ruffy, Ruby, Rudy, Stochy u. a.

„Lorsch" sich in „Lortz" verändert hat. Wäre nämlich die Familie Lortz eine von Lorsch verschiedene, so wäre sie ebenfalls in jenem Verzeichnis aufgeführt. Ferner wird uns Jahr 1627 ein Theobald Lortz in Oberseebach geboren, der 1657 als Junggeselle stirbt; dessen Eltern müssen also beim Beginn des Krieges schon in O. gewesen sein, denn daß sie gerade während der ersten stürmischen Jahre eingewandert seien, ist wohl schwerlich anzunehmen.

[1] Lutz S. 4.

[2] Vgl. in Hottingers Ortskunde: Kleeburg von Ch. Eppel, Straßburg 1891. S. 27.

[3] Daß die Bevölkerung von Hunspach ganz besonders mit fremdländischem Blute vermischt ist, sieht man noch heutzutage. Die jetzigen Hunspacher haben Charaktereigentümlichkeiten, die bei den Bewohnern der benachbarten Ortschaften nicht zu finden sind. Schon in ihren Gesichtszügen zeichnen sie sich vor diesen aus durch ein ganz eigentümlich geformtes Profil mit stark hervortretendem Kinn und Nase.

Ueber das Schicksal der Kirche während des dreißigjährigen Krieges in unsern beiden Gemeinden können wir auch nur wenig sagen. Jedoch hat die Reihe der reformierten Pfarrer in dem ganzen Amte Altenstadt nie eine größere Unterbrechung erlitten oder ganz aufgehört. Wenn Röhrich sagt[1]: „Erst im Jahre 1655 beginnt wieder die Reihe der reformierten Pfarrer in Oberseebach", so hat er nicht weniger als sechs übersehen, die in dem Kirchenarchiv von Oberseebach zwischen 1626 und 1655 genannt werden, nämlich: Matthias Heck 1626, Johann Faber 1627, Johann Burkhard 1630, Peter Kalter 1632, Johann Jacob Beer 1633, Jacob Binz 1653. In Schleithal werden fünf Pfarrer während des Krieges genannt: Nikolaus Medarius, welcher den 16. August 1611 daselbst ernannt worden war. Er lebte noch 1623, in welchem Jahre er zur Zeit der „dreifachen Schatzung" einen Garten, im Altenstadter Bann gelegen, für 100 Gulden verkaufte an Barthel Diehlen, Wurmmüller und Bürger in Weißenburg. Es mußte aber seine Witwe noch zwei Jahre später einen Prozeß wegen des Kaufpreises mit dem genannten Käufer führen.[2] Ferner sind folgende Pfarrer von Schleithal erwähnt: Rudolf Horneck 1626, Matthias Heck 1627—1631, Jacob Cremerius 1632—1635, Isaak Ostertag 1633. Auch der 1617 ernannte Diakon und Schulmeister Heinrich Pfundstein lebte in dem ersten Jahren des Krieges noch daselbst.

In Altenstadt war, wie oben schon erwähnt, im Jahre 1613 ein Pfarrer. Derselbe hat auch während des Krieges seine Nachfolger gefunden. So wird im Jahre 1645 bei dem Dechanten angefragt, ob die Kelche und Kirchenbücher von Altenstadt, welche Neunundt, „der gemeind gewesener Seelsorger oder Pfarrherr, ehe er sich nach Steinmauer und Ilgesheim in der Markgraffschaft Baden begeben," demselben zur Verwahrung überlassen, noch vorhanden seien.[3]

Im ganzen Amte Altenstadt bestand also sowohl vor dem dreißigjährigen Krieg, als auch während desselben freie Religions-

---

[1] Mitteilungen II, S. 516, wo er von dem sehr unvollständigen Verzeichnis von Pfarrer Bleyenstein abhängig ist (Einweihungspredigt 1783, Seite 61).
[2] C. A.: Gerichtsbuch Nr. 7.

übung für die Reformierten, ein Umstand, der von der größten Wichtigkeit ist. Da nämlich nach den Bestimmungen des Westfälischen Friedens für die pfälzischen Religionsangelegenheiten das Jahr 1618 als Normaljahr gelten sollte, hätten unsere Gemeinden von Rechts wegen auf immer jeglicher Einschränkung der Religionsfreiheit enthoben sollen sein.[1]

Kapitel IV.

Die Zeit vom Westfälischen Frieden bis zur französischen Reunion. — (1648—1679).

Wiederherstellung des äußern Wohlstandes durch Kurfürst Karl Ludwig. — Religiöse und sittliche Erziehung des Volkes: Kirchenzucht. — Untersuchung der Gründe für die Standhaftigkeit der Gemeinden in der nun kommenden hundertjährigen Verfolgung.

Endlich im Jahre 1648 kam der für ganz Deutschland so heiß ersehnte Friede zustande. Karl Ludwig, der Sohn des unglücklichen Friedrich V. erhielt nun seine pfälzischen Erblande wieder zurück, die er als zweijähriges Kind hatte verlassen müssen, um 30 Jahre in der Verbannung zu verbringen.[2] Allein wie sah die vormals so blühende Pfalz aus! Nicht einmal Heidelberg, ihre Hauptstadt, die früher an Pracht und Herrlichkeit mit allen Höfen Europas wetteiferte, konnte jetzt ihrem Kurfürsten eine angemessene Wohnung bieten. Aber Karl Ludwig, der in dem Unglück der Verbannung rasch zu einem Manne geworden war, verstand es, selbst keine Entbehrungen scheuend, in kurzer Zeit die Ruinen wieder in Sitze bürgerlichen Fleißes umzuwandeln, zum Teil durch Herbeiziehung arbeits-

---

[1] Durch das Gesagte erhält der Nachweis in «Ordonnances d'Alsace» (II, 23), daß im Jahre 1624 (da die französische Regierung auf die Abhängigkeit des Amtes Altenstadt von dem Weißenburger Mundat den Schwerpunkt legte, erkannte sie 1618 natürlich nicht als Normaljahr an; vgl. oben) in Altenstadt kein reformiertes Religionsexerzitium gewesen sei und infolgedessen sich nie wieder Reformierte daselbst niederlassen dürften, seine Beleuchtung.

[2] Häußer, Geschichte der rheinischen Pfalz II, S. 580 ff. u. 588.

lustiger Ausländer [1], die er in vielen Stücken begünstigte. Schon im Jahre 1658 sah das Land nach dem Zeugnis eines französischen Feldmarschalls, der dasselbe vom Kriege her kannte, so aus, als wenn niemals Krieg geführt worden wäre. [2]

Unter diesen Umständen hob sich auch rasch wieder der äußere Wohlstand von Oberseebach und Schleithal. Es werden wenigstens schon einige Jahre nach dem Westfälischen Frieden oft Knechte und Mägde daselbst genannt, [3] während doch ein armer Bauer keines Dienstboten bedarf. Doch war auch die Armenpflege noch sehr ausgebildet.

Nicht weniger als für den materiellen Wohlstand seines Volkes sorgte Karl Ludwig auch für die Wiederherstellung von Kirche und Schule, den schönsten Schöpfungen seiner Ahnen. [4] Er setzte den Kirchenrat wieder ein, rief die vertriebenen Geistlichen zurück und zog solche zur Besetzung der verwaisten Pfarreien auch aus dem Auslande herbei. So treffen wir 1655 Georg Neubert als Pfarrer in Oberseebach, in Schleithal von 1649: an Jakob Bintz, Johann Frosch und Johann Heinrich Wurtzius. Die ersten, deren Wirksamkeit wir etwas näher verfolgen können, sind die Schweizer Abraham Benker, 1657—1664 in Oberseebach und 1664—68 in Schleithal, und Gerlach Nieß 1664—1668 in Oberseebach, von welchem auch Altenstadt kirchlich bedient wurde. Ebenso werden zu gleicher Zeit Schullehrer in unsern Gemeinden erwähnt.

Hier war der Kirche und in deren Abhängigkeit der Schule die Aufgabe zugefallen, das durch langjährige Verwilderung in jeder Beziehung heruntergekommene Volk wieder zu heben, eine Aufgabe, welche die Kirche richtig verstanden und in meisterhafter Weise durchgeführt hat. Sie hat innerhalb weniger Jahre in Oberseebach und Schleithal sittliche und religiöse Charaktere gebildet, an denen alle Mittel der katholischen Bekehrungskunst ein ganzes Jahrhundert hindurch (1679—1780) scheiterten. In der Zeit zwischen dem

---

[1] Vgl. oben.
[2] Häußer, Geschichte der rheinischen Pfalz II, S. 580 ff. u. 588.
[3] Erstes reformiertes Kirchenbuch von Oberseebach (1655—1685) R. K O.
[4] Häußer II S. 595 ff.

Westfälischen Frieden (1648) und der französischen Reunion (1679) erhielten unsere Gemeinden einen Impuls, der sich in selbständiger Weise — der Geistlichen waren die Gemeinden beraubt — über drei Menschenalter hindurch fortpflanzte. Der allerchristlichste König Ludwig XIV. und seine Nachfolger in der Herrschaft über unsere Gegend, der Kurfürst Johann Wilhelm von der Pfalz und die Bischöfe von Speier versuchten bald abwechselnd bald im Vereine mit einander ihre Bekehrungskünste an denselben. Und alle diese Könige, Fürsten und Herren waren unterstützt von willigen Beamten, einem Heere fanatischer Priester und der fanatisierten Bevölkerung — „groß' Macht und viel List;" aber vergeblich: siegreich gingen die Gemeinden, durch das Feuer der Trübsal geprüft und geläutert, aus der hundertjährigen Verfolgung hervor. Wenn wir aber im Laufe der Verfolgung manches Beispiel von religiösem Heldentum zu bewundern haben, so wurde in der Zeit vom Westfälischen Frieden bis zur französischen Reunion durch eine zweckmäßige Erziehung der Gemeinden der Grund dazu gelegt. Es dürfte darum richtig erscheinen, ehe wir an den Höhepunkt unserer Geschichte, die hundertjährige Verfolgung, kommen, diese Zeit, so weit es nach unsern Quellen möglich ist, einer besondern Untersuchung zu unterziehen und nach den Gründen zu fragen für die unerschütterliche Anhänglichkeit der Oberseebacher und Schleithaler an ihrem reformierten Glauben und die damit verbundene Wiederstandsfähigkeit gegen die Wut der katholischen Bekehrer.

In die Art und Weise der Erziehung unserer Gemeinde, welche zu einem so herrlichen Ziele führte, bekommen wir einen Einblick durch die in dem schon genannten ersten reformierten Kirchenbuche von Oberseebach niedergelegten «Acta consistorialia» von Pfarrer Abraham Benker und seinem Nachfolger Gerlach Nieß. Wie aus denselben hervorgeht, hatten damals die Kirchenältesten noch ihre ursprüngliche Bedeutung, welche ihnen in der Zeit der Reformation beigelegt wurde und heute wieder den neuen Verhältnissen entsprechend als ein zu erstrebendes Ziel den besten Kirchenmännern vor Augen schwebt. Sie waren es, welche nicht nur in der Kirche den Ehrenplatz einnahmen, sondern im Verein mit dem

Pfarrer über die materiellen, sittlichen und religiösen Verhältnisse der Gemeinde wachten. Jeden Sonntag, oder nach Bedürfnis auch nur jeden monatlichen Buß- und Bettag versammelten sie sich bei dem Pfarrer, um ihre in der Gemeinde gemachten Erfahrungen vorzubringen und über die Abstellung entdeckter Schäden zu beraten. Hier wurden den Armen Hülfeleistung und Unterstützung zugewiesen, den Verirrten Ermahnungen erteilt und den hartnäckigen Sündern Strafen diktiert. Die beiden letzten Punkte dürften uns wohl besonders interessieren.

Großes Gewicht wurde auf den kurfürstlichen Befehl gelegt, „daß das Volk zu fleißiger Anhörung und selbst Lesung göttlichen Worts alten und neuen Testaments adhortirt" (ermahnt) werde.[1] Jeden Sonntag war außer Vor- und Nachmittagsgottesdienst noch eine Katechismuslehre, bei welcher niemand aus der Gemeinde, selbst nicht die Weiber und Hausfrauen, fehlen durfte. Da half keine Entschuldigung, „daß es vor alters nit brauch gewesen, auch nit wohl möglich immerdar bei der zweiten Catechismuspredigt sich einzufinden." Den 17. März 1660 wurden diejenigen, welche „nun drey Sonntag daher sich nit allezeit bei der Catechismuspredigt und Examen deßelbigen eingestellt", mit je einem Batzen für den Almosen bestraft.[2] Aber es gab doch wieder solche, die nicht erschienen. Am Sonntag Jubilate 1662 „ist vom Pfarrer über die Nachlässigkeit des Kirchgangs zur Catechismuspredigt geklagt und remedium (Abhülfe) dawider gesucht worden." Vier Sonntage nacheinander wurden darauf acht Personen wegen „Ausbleibung aus der Catechismuspredigt" in das Kirchenbuch eingeschrieben. Nachdem aber Matthis Fat, der zweimal gefehlt hatte, „Beßrung verheißen", geschah es

---

[1] Richter, die evgl. Kirchenordnungen II, S. 282.

[2] Diese und alle im Folgenden genannten Kirchenstrafen werden stets verhängt „laut Churfürstlicher Policey-Ordnung", welche auch in der damals in Oberseebach gültigen „Churpfälzischen Kirchenratsordnung" oft erwähnt wird. (Vgl. Moser, corpus juris Evangelicorum II, S. 331 ff. und Richter II, S. 276 ff.) Allein wir haben diese „Policey-Ordnung" trotz mehrfacher Bemühungen nirgends auffinden können. Auch Cunitz, in seiner „historischen Darstellung der Kirchenzucht unter den Protestanten (Straßburg 1843)" nennt dieselbe nicht und weiß überhaupt nichts von der Art und Weise der Kirchenzucht, wie sie damals in Oberseebach und Schleithal gehandhabt wurde.

erst im Jahre 1663 wieder, daß „alle Weiber Jenseits der Kirchen", die sich nach der Mittagspredigt im Katechismus sollten unterweisen lassen, ausblieben. Sie haben jedoch nachher dem „Consistorium sich ins Künftige fleißig einzustellen versprochen." Die Leute fügten sich nach und nach dieser strengen Ordnung. Nur einmal noch wird ein Fall von Versäumen des Gottesdienstes verzeichnet. Am 3. November 1664 wurde „Diebold Schatz, des Wirts Eltester Sohn" vor die Aeltesten „fürgefordert, darumb weil er diesen verflossenen Sommer nicht einmal zur Kinderlehre Kommen, daß er wer examiniert worden". Er leistete aber erst der zweiten Vorladung vom 1. Dezember Gehorsam, „da Er dann versprochen, daß Er dasjenige, wozu Er vermahnt worden ins Künftige treulich folgen Und nachkommen wolle."

Viel weniger als bei den Katechismuspredigten kommen bei den Vor- und Nachmittagsgottesdiensten Versäumnisse vor. Dies rührt wohl daher, daß die Leute in der Katechismuslehre eben ihre Lektion hersagen mußten, was für die Erwachsenen nicht immer angenehm gewesen sein mag. Solche, die den gewöhnlichen Gottesdienst versäumten, sind: „der jetzigen Amen ihre Tochter, welche sich auf alle Kirben[1] mit Hintansetzung des Gottesdienstes begeben", Diebold Becker und Matthis Anthes, „weil sie am Sonntag verreißt". Letztere wurden, „angesichts daß sy sonst sich fleißig beim Gottesdienst einstellten", nur mit 3 Albus bestraft, welche ihnen jedoch später wieder erlassen wurden. Diese beiden Fälle sind aus dem Jahre 1660. Erst drei Jahre später lesen wir wieder: „Bolweber, Lortz, Röhrich, Durst, Schweringer sind nicht in der Mittagspredigt gewesen". Nur noch ein Fall von Versäumen des Gottesdienstes kommt wieder vor im Jahre 1664: „den Aprils Monatlichen bettag sind die eltesten Versamlet Und ist fürbracht worden, wie daß Hans der Schneider, Item Jilg Webers Knecht Und der alte Wirtin Sohn mit Namens Debold auf einen Sonntag under der Morgenpredigt gefischt, weswegen sie des ernstlich Erinnert und abgemahnet worden".

---

[1] d. h. auf die Kirchweihfeste in den Nachbarsdörfern, eine Sitte, die jetzt noch in Oberseebach besteht.

Nach dem Bisherigen war es wohl kaum möglich, daß irgend jemand dauernd vom Gottesdienst und der Katechismuslehre fernblieb. Die Leute erhielten jahraus jahrein einen christlichen Unterricht von Geistlichen, die, nach den von ihnen hinterlassenen kirchlichen Akten zu urteilen, mit der peinlichsten Gewissenhaftigkeit ihres Amtes walteten. Die Gemeindeglieder erlangten nicht eine oberflächliche, sondern genaue Kenntnis ihres reformierten Glaubens, vermöge deren sie wohl imstande waren die christliche Wahrheit den Aposteln Roms gegenüber aufrecht zu erhalten. Aber mit dem Erteilen des theoretischen Unterrichts allein gaben sich die reformierten Kirchendiener nicht zufrieden, sondern handelten nach jener alten kurfürstlichen Vorschrift „dem gemeinen Mann einzubilden, daß es nicht genug seye, sich vergeblichen mit dem Nahmen eines Christen zu rühmen, sondern vonnöthen, daß Wir solchen unsern Titul und Christenthumb mit der That, das ist, mit einem christlichen, ehrbaren, auffrichtigen Leben, Weeßen und Wandel erzeigen." [1] Zu diesem Zwecke waren die Kirchendiener verpflichtet, „wo sie in Erfahrung kommen, daß jemand aus ihrer Gemeinde gotteslästerliche Lehr, oder ärgerlichen Wandel führen thäte, denselben eins oder mehrmahlen nach Gelegenheit der Person und Sachen mit christlicher Freundlichkeit und Sanfftmuth auff genugsam gehabte Erkundigung und nicht aus schlechtem Wahn oder Hörensagen seiner Gebühr und Seligkeit aus Gottes Wort zur Beßrung zu erinnern". [1] Nach dieser Vorschrift zogen unanständiges Betragen in und außer dem Hause, Beleidigungen gegen andere und überhaupt Vergehen, an denen man heutzutage kaum einen Anstoß mehr nimmt, Vorladung vor die Kirchenältesten, ernstliche Rügen, bisweilen sogar nach der uns unbekannten „Policey-Ordnung" Geldstrafen nach sich. Eine strenge Kirchendisziplin sorgte für die Aufrechterhaltung von Zucht und Ordnung; selbst in den kleinsten Dingen war man bemüht, das christliche Leben zu verwirklichen. Pfarrer und Kirchenälteste führten eine genaue Aufsicht über die Sitten des Volkes, um dieselben zu veredeln. Galt doch nach der damals in der reformierten Kirche allgemein anerkannten Prädesti-

---

[1] Richter II. S. 282.

nationslehre ein gottseliger Wandel als Erkennungszeichen und Unterpfand für die Erwählung des einzelnen Christen.

Besonders gegen das Laster des Fluchens hatten die Leiter der Gemeinde zu kämpfen. So wird den 21. Oktober 1660 im Konsistorium verhandelt über Hans Martin Weber, welcher „über seinen Nachbar geflucht, daß die Donner und Hagel ihm auf den Kopf schlagen". Weber wird auf den 28. Oktober vorgeladen und, weil er sich unwillig zeigt und sogar „sein Gespött mit einem aus den eltesten treibt", „andern zum Exempel der straf des fluchens und lesterns mit einem Ortsgulden in den Almoßen belegt". Da er aber, „den ernstlichen Mahnungen" folgend, sich bessert, wird ihm später die Strafe wieder erlassen.

Dies „Exempel" scheint seine Wirkung auf die Gemeinde nicht verfehlt zu haben: erst den 7. Februar 1661 mußte Adam Bollweber „seines fluchens wegen zu red gestellt" und dafür mit 15 Kreuzer bestraft werden. Zehn Tage später wird Diebold Köbel „gestrafft, daß er die Ammentochter bey nächtlicher weil, als sy auß der Kunkelstuben mit andern Mägden herumgang in den Bach geworffen". Köbel „hat Beßrung mit Handgeben der presbyteri versprochen und auch gehalten". Der Ammen Tochter jedoch „ist ihr Uebel fluchen, so sy wider obgedachten Weber ausgegossen, Vorgehalten Und aus Dei Verbo (Gottes Wort) gestraft worden Und wo sy sich wiederumb dergestalt versündigen würde, nach Churfürstlicher Policey-Ordnung gestraft werden, angedroht worden". In derselben Sitzung der Aeltesten „ist Vorbracht worden, daß Moritz Strohschneider wider Adam Bollweber geflucht, Donner, Hagel, Blut rc. hat Beßrung seines Lebens versprochen".

Mit diesen angeführten Disziplinarfällen scheint das Fluchen in der Gemeinde überwunden gewesen zu sein, wenigstens werden, soweit unsere Akten gehen (1666), mit Ausnahme eines hartnäckigen Sünders, von dem wir unten eingehender sprechen wollen, keine Flucher mehr genannt. Doch es gab noch andere Vergehen gegen die christliche Sitte genug, besonders was den guten Ton angeht. So ist am Sonntag Jubilate 1661 „Mattis Anthes wegen seiner wider Lorentz ausgestoßene Scheltwort fürgefordert und davon aus Gottes Wort abgemahnet worden". Am 4. Sonntage nach Trinitatis desselben Jahres „ist vorgefordert worden Hanß Schmit, und Andreß Hertels, welche sich miteinander gehabert Und ehrenrührige Worte außgestoßen".

Das Wirtshausleben mit seinen Ausschreitungen war in jener Zeit noch wenig ausgebildet. Nur der Weber Jakob Erißmann wird genannt im Jahre 1663, weil er „sich ungebührlich im Wirtshauß verhalten mit Fressen saufen füllerey groben garstigen unzüchtigen Worten und Werken".

Verpönt waren bei der Kirchenbehörde das Tanzen und die Fastnachtsscherze. So wurden 1663 weil sie „die spielleut gedingt Und biß zu Mittnacht auf Schleithaler Kirb allhier getanzt" haben, mehrere Burschen ins Kirchenbuch eingeschrieben, nämlich: Bließners Knecht, Wirths Sohn, Schulmeisters Sohn, Hans Friedrich Fat, Lorentz Köbels Knecht; verewigen ließ sich ebenfalls Endreß Hertels Frau weil „sie sich auf Faßnacht in Mannskleider angethan und bei Weber Curt Hauß gebettelt".

Auch die Kunkelstuben waren den Wächtern über die Sitten des Volkes ein Dorn im Auge. Sie wußten nur zu gut, wie es in denselben zuging und welche Ausschreitungen sie in ihrem Gefolge führten, wie zum Beispiel jener Unfug mit Theobald Köbel und der Ammen Tochter. Den 22. Februar 1663 wurde daher „geredt abermahlen wegen abschaffung der Kunkelstuben und daß diejenigen, die den Kunkelstuben Ergernuß und leichtfertig Reden statt und Raum geben, dem Almoßen ihre straf verlegen sollen".

Ebenso wurde gegen das Kartenspiel gekämpft. „Den Hornungsmonatlichen bettag ist fürgefordert worden Meister Hans der Schmied allhier darumb weil er das Kartenspiell in seinem Hauß gebuldet und zugelassen Unangesehens es ihm früher ist verbotten gewesen, aber solches Verbot in den Wind geschlagen".

Sogar bis in das engste Familienleben erstreckte sich das scharfe Auge des Pfarrers und der Kirchenältesten. Anna, die alte Schultheißin, wurde im Oktober 1660 von ihnen „ermahnt und erinnert in ihrer Haushaltung und mit ihren Kindern desto behutsamer zu leben", weil sie einen Knecht in Diensten hatte, welcher „nachts sich oftmahl außer Hauß befindet und auf die Buhlschaft geht". 1663 wurde Hans Martin Hieronimuß „fürgefordert, weil er übel in seiner Haußhaltung gegen sein Weib gehaußt und seine Schwieger verunehret".

Bisweilen kam es auch vor, daß Leute, die irgend eines Vergehens wegen „fürgefordert" wurden, „ungehorsam blieben", d. h. nicht erschienen. Allein es blieb ihnen schließlich doch nichts anderes übrig als einer wiederholten Vorladung Folge zu leisten, die scharfen Ermahnungen zur Besserung ihres Lebens anzuhören und bisweilen dazu noch eine Geldstrafe sich diktieren zu lassen. Dies hatte denn auch meistens den Erfolg, daß die Betreffenden von ihrem anstößigen Lebenswandel abließen. Nur selten begegnet uns ein Name zweimal wegen derselben Versündigung in den Konsistorialakten. Zu einer Exkommunikation, welche für die schlimmsten Fälle vorgesehen war,[1] kam es, soweit unsere Quellen reichen, nicht. Doch hatten die Leiter der Gemeinde mit einem Manne außerordentlich viel Mühe, dem Metzger Hans Georg N.[2] Dessen Geschichte zeigt, wie trotz ihrer Strenge der Pfarrer und die Kirchenältesten wieder äußerst milde und langmütig gegen die Sünder waren; sie bietet überhaupt so viel Interessantes, daß wir es uns nicht versagen können hier etwas darauf einzugehen.

Zum erstenmal begegnet uns der Metzger im Jahre 1664 mit drei schweren Vergehen: Er „flucht schrecklich Donner und Hagel", deswegen den 10. Juni „für die Eltesten gefordert", erscheint er zweitens nicht, sondern geht vielmehr drittens „in ein andern Ort und holt ein Stechkalb unangesehens es an dem heiligen Sabbath gewesen". Einer wiederholten Vorladung leistet er notgedrungen Folge, „da er denn angelobet mit fluchen und endheiligung des Sabbaths nicht mehr zu thun". Drei Monate lang führt er nun einen ordentlichen Wandel, aber am 3. November mußte er wieder „fürgefordert werden, darumb weil er am Sonntag sein Unschlich gehackt". Er vergrößert seine Schuld aufs Neue dadurch, daß er nicht erscheint, und zieht sich deshalb eine beträchtliche Strafe zu. Am 1. Dezember beachtet er eine abermalige Vorladung nicht, holt hinge-

---

[1] Richter II, S. 282.
[2] Den Familiennamen des Metzgers kennt der Pfarrer nicht. Es scheint daher, daß der Metzger nach Oberseebach eingewandert ist.

gen ein Kalb „mit fürgeben der Junker hab es ihm erlaubt," was sich aber bei einer näheren Untersuchung als Unwahrheit herausstellt. „Item ist angeklagt worden, daß Ermelbter metzger auf einen Sonntag geschlacht". Hierauf schenkt er den Ermahnungen wieder Gehör und läßt sich über ein Jahr hindurch nichts mehr zu schulden kommen. Mit dem Rückfall wird es aber viel schlimmer als vorher. Im Januar 1666 holt er mehrere Sonntage nacheinander wieder seine Stechkälber, ärgert damit „hefftig nicht nur die Seebacher sondern auch die Schleythaler gemein" und „führt sogar aus Verachtung des Verbotts wegen enbheiligung des Sabbaths dem Pfarrern die Kälber auf die Sonntag für dem Pfarrhof und gleichsam für der nasen herum."

Soweit gehen unsere Quellen über das Verhalten des Metzgers. Wie es später mit ihm gekommen, wissen wir nicht. Es ist jedoch anzunehmen, daß er sich auch zum drittenmale wieder den strengen Gesetzen der Kirche fügte.

Wenn wir nun nach dem Nutzen dieser Kirchenzucht fragen, so müssen wir allerdings gestehen, daß die Herzen der Menschen durch sie allerdings nicht umgewandelt wurden, aber die äußerliche Zucht und Ehrbarkeit erreichte eine bedeutend höhere Stufe als heutzutage. Wo findet sich in jetziger Zeit eine Gemeinde in unserm Lande, in der im Laufe von sechs Jahren nicht mehr als 20 Personen aufgezeichnet werden könnten wegen Versäumen von Gottesdiensten und Katechismuslehren oder Arbeit am Sonntag, nicht mehr als sechs Personen wegen Fluchens, drei wegen zänkischen Wortstreites, eine wegen ungebührlichen Benehmens im Wirtshaus, eine wegen Familienzwist u. s. w.? Die Häupter der Gemeinde konnten sich der guten Erfolge ihrer Kirchenzucht noch zu ihren Lebzeiten erfreuen. So lesen wir: „Anno 1665 Ist von den Kircheneltesten auf die bettag und sonsten nichts fürbracht worden; der liebe Gott wolle im nachfolgenden 1666sten Jahr der Pfarrkinder Und Zuhörer Herzen durch seinen hl. Geist also regieren, daß von Jhnen in demselben nichts anders denn Guts mög gehöret werden".

Wichtiger noch waren die guten Früchte, welche die Kirchenzucht für die Zukunft brachte. Nachdem die Gemeinde durch dieselbe wie ein Kind erzogen worden war, war sie auch befähigt, sich als einen Mann zu erweisen in dem ihr bevorstehenden schweren Kampfe mit der katholischen Kirche. Die Widerstandskraft, die sie ihren Bekehrern gegenüber zeigte, ist wohl hauptsächlich als ein Resultat jener Erziehung anzusehen. Daß Altenstadt, Schweighofen und andere Nachbargemeinden in kurzer Frist dem Katholizismus zum Opfer fielen, mag vielleicht gerade daher kommen, daß dort eben die Kirchenzucht nicht in der Weise geübt wurde, wie in Oberseebach und Schleithal.

Doch können auch noch andere, allerdings weniger treffende Gründe zur Erklärung der Standhaftigkeit der Seebacher und Schleithaler herangezogen werden. Sie waren eben Bauern. Die Lebensweise des Bauern bleibt sich immer gleich. Er verrichtet jedes Jahr zu derselben Zeit dieselbe Arbeit, seine Familie bewohnt schon Jahrhunderte lang dasselbe Haus und bebaut denselben Acker. Wie sollte es daher anders sein, als daß er auch an den von seinen Vätern überkommenen Sitten und Gebräuchen mit großer Zähigkeit festhält? Es wäre ein Verstoß gegen die Tradition, wollte jemand z. B. an der Tracht[1] etwas ändern, neue Rufnamen[2] einführen, Kirchweihtänze und dergleichen abschaffen. Schon im Jahre 1663 kämpfte man gegen die Kunkelstuben und heute, nach mehr als 200 Jahren, bestehen sie noch in derselben Form und mit denselben Ausschreitungen wie damals. Wie kann daher ein Mann, der schon an diesen geringfügigen Dingen mit solcher Zähigkeit festhält, es leicht hinnehmen, will man ihm eine andere Kultusform, eine andere Religion aufdrängen! Hat ein Bauer einmal etwas für richtig erkannt, so läßt er sich selbst durch die stärksten Gründe nicht vom Gegenteil überzeugen. Wie kann er daher plötzlich sich in ganz andere Anschauungen versenken auf einem Gebiete, wo es das Höchste gilt, was er kennt, seinen Glauben, seine Seligkeit?

---

[1] Dieselbe hat sich von den alten Zeiten bis auf den heutigen Tag in Oberseebach und Schleithal ziemlich rein erhalten; nur sind bei den Männern die kurzen Kniehosen abgekommen.

[2] Hat jemand z. B. 4 Söhne, so heißen sie: Adam, Georg, Martin, Michael. Die Töchter heißen: Salomea, Barbara, Katharina, Margaretha, Eva. Ist eine Familie mit mehr Kinder gesegnet, so muß sie zu den schon ungebräuchlicheren Namen: Philipp, Balthasar, Magdalena, Elisabetha greifen.

Und wenn es sogar vorkommt, daß ein Bauer zwar seinen Irrtum einsieht, aber doch daran festhält, nur um denselben nicht eingestehen zu müssen und nicht inkonsequent zu erscheinen, wie kann er da so leichthin die Ansichten fallen lassen, welche ihm so unerschütterlich feststehen, daß nicht daran gerüttelt werden kann?

Doch alles that dieser feste Bauerncharakter bei unsern Reformierten nicht. Die Erfahrung lehrt wiederum, daß derselbe häufig nur so lange standhält, als es mit den materiellen Interessen verträglich erscheint. Wenn der Geldbeutel angegriffen wird, Fruchtboden, Aecker, Wiesen, Viehstand, Dinge, an welchen der Landmann mit Leib und Seele hängt, so fängt er schon an nachgiebig zu werden. Wird aber irgend ein äußerer Vorteil geboten, Befreiung von Steuern und Frohndiensten, eine Stelle mit reichem Einkommen u. dgl., dann hört der feste Charakter vielfach auf. Daß wir dem Bauerncharakter nicht allzuviel zuschreiben dürfen, kann man schon daran erkennen, daß Altenstadt und Schweighofen, die ebenfalls von Bauern bewohnt waren, und zwar von demselben Volksstamme wie die Seebacher und Schleithaler, schon bei dem ersten Ansturm der Ketzermission abfielen. Unseren Gemeinden hatte eben die reformierte Kirche, die abgesagte Feindin alles Aeußerlichen und Formelhaften, ein unerschöpfliches religiöses Bedürfnis eingepflanzt, das durch die sinnenfällige Gottes-, Heiligen-, und Reliquienverehrung des Katholizismus nicht befriedigt werden konnte.

Einen andern Punkt dürfen wir bei der Beurteilung der Standhaftigkeit unserer Gemeinden nicht außer acht lassen, nämlich den, daß sie infolge der Fruchtbarkeit des Bodens mit irdischen Gütern reichlich gesegnet waren. In der ersten Zeit der Verfolgung ist dies wenigstens der Fall gewesen.

Zu dem bisher Gesagten mag noch der Umstand hinzukommen, daß Oberseebach und Schleithal immerhin in ihrer Bedrängnis einen Rückhalt hatten an den reformierten Gemeinden des benachbarten Amtes Kleeburg, wo die Religionsfreiheit nie beeinträchtigt wurde.

Doch wir wollen nun den Faden unserer Geschichte wieder aufnehmen.

Zweiter Abschnitt.

Die Zeit der Verfolgung. — (1679—1780).

Kapitel I.

Unter Ludwig XIV. allein. — (1679—1697.)

Im Westfälischen Frieden trat der Kaiser unter andern auch die Landvogtei der zehn elsässischen Reichsstädte an Frankreich ab.[1] Die französische Regierung suchte nun auf Grund dieser Bestimmung ihr Gebiet auf jede mögliche Weise zu vergrößern und nahm daher im Jahre 1679 auch Besitz von dem Amte Altenstadt. Um dieser Besitznahme die Form der Willkür zu benehmen, beauftragte sie die sogenannten Reunionskammern von Breisach, dieselbe zu rechtfertigen. Was jedoch von deren Nachweis vom 22. März 1680 in Bezug auf unsere Gemeinden zu halten ist, haben wir oben schon gesehen. Die Dörfer des Amtes Altenstadt huldigten dem „allerchristlichsten" König, welcher ihnen durch seine Beamten versprach, sie in allen ihren Rechten und Freiheiten zu erhalten, „besonders was das Geistliche angeht."[2] Ludwig XIV. unterzeichnete selbst eine Amnestie zu Frankfurt 1681, wo es im 9. Artikel folgendermaßen heißt:[3]

---

[1] Strobel, Vaterländische Geschichte des Elsaß. IV, S. 476.
[2] R. K. O.: «Arrêt du conseil de l'Etat.»
[3] Das Büchlein von Dr. Heinrich Rocholl: „Urkunden und Briefe aus der Protestantenverfolgung im Elsaß, Magdeburg 1886" ist uns erst nach Abschluß dieser Arbeit zu Händen gekommen.

„Seine Allerchristlichste Majestät verstatten gleicherweise den Einwohnern aller der Orte, die Sie mit ihrer Krone vereinigt, sie mögen jetzt der katholischen Religion, der Augsburgischen Confession oder der sogenannten Reformierten Religion zugethan sein, die freie, ungehinderte Uebung ihrer Religion mit der allerfreiesten und ungestörtesten Niesung und Gebrauch dessen, was zum Unterhalte der Rektoren der Kirchen, der Priester, der Schulmeister und der Verwalter gehört, ingleichen auch alles dessen, was ihre Kirchen, Schulen, Gebäude und alle übrigen Güter, sie haben Namen, wie sie wollen, ohne die geringste Schmälerung und Ausnahme."

Diese Worte sind gewiß unzweideutig; aber wie steht es mit der Ausführung derselben? Gleich nach der Huldigung wurden die Kirchen der Reformierten von den Katholiken weggenommen, im Innern vollständig verändert, von neuem geweiht und, da nicht genug Zuhörer kamen, denen man hätte Messen lesen können, vorläufig geschlossen. Die reformierten Pfarrer und Schullehrer wurden vertrieben, ihre Besoldungen den neu eingesetzten katholischen Geistlichen zugewiesen und so die vier Gemeinden ihrer freien Religionsübung und des Unterrichtes ihrer Kinder beraubt.[1] Unter diesen Umständen verloren auch die Oberseebacher schon im Jahre 1679 ihren Pfarrer und Lehrer.[2] Pfarrer Og, der als Nachfolger von Pfarrer Haubach im September 1679 sein Amt antreten sollte, kam überhaupt nicht nach Oberseebach, wenigstens hat er nicht die geringste Spur einer Wirksamkeit daselbst hinterlassen.[3] Jedoch setzten die Leute dem ihnen aufgezwungenen Kultus den größten Widerstand entgegen. Ihre Kasualien ließen sie, solange es irgend möglich war, nicht durch den katholischen Geistlichen, der die Stelle ihres reformierten eingenommen hatte, verrichten, sondern durch die Pfarrer aus dem benachbarten zweibrückischen Amte Kleeburg. So segnete

---

[1] R. K. O.

[2] B.: Rep. 40. 6. f. 6. «Extractus auß Kirchenraths pfarr Specificationes de anno 1699. Georg Haubach pfarrer ist angenohmmen worden in anno 1669, Woruff der frantzösische Krieg eingefallen so das ambt Germersheim eingehabt und bißhero kein pfarrer dahin bestelt worden."

[3] Den Namen des Pfarrers Og kennen wir nur aus einer Bemerkung im Kirchenbuch von Pfarrer Haubach, der die Stelle krankheitshalber aufgab und auf ihn als seinen Nachfolger hinweist.

den 7. September 1681 Pfarrer Fischer von Rott ein Ehepaar ein; 1862 ließ sich ein anderes Ehepaar aus Oberseebach an einem uns unbekannten Orte kopulieren; ferner taufte Pfarrer Fischer vom 12. März bis zum 10. Juli 1681 4 Kinder „im Haus", wie er ausdrücklich hervorhebt, nicht in der Kirche; 1682 fanden in Hunspach 6 Taufen, 1683 nur eine statt. Aber bald hörte das Taufen durch auswärtige Pfarrer auf; vom 15. Januar bis zum 27. Mai 1685 hielt der katholische Pfarrer von Oberseebach Possidonius Frecht, „vom Orden des hl. Vaters Augustin", 6 Taufen, die er in das reformierte Kirchenbuch einschrieb. Im Jahre 1687 begann er seine eigenen Kirchenbücher und versah alle Kasualien, wenn es den Leuten nicht gelang, heimlich und unter Gefahr sehr hoher Strafen nach auswärts zu gehen. Wenn wir aber sehen, daß 1685 in 4 Monaten 6 Taufen stattfanden, so müssen von 1680—1684 sicher mehr gewesen sein, als eingeschrieben sind. Wo sie nun gewesen sind, wo und wie auch die Trauungen und Beerdigungen in dieser Zeit stattfanden, entzieht sich unserer Forschung. Die so mangelhafte Buchführung läßt aber jedenfalls darauf schließen, daß für unsere Reformierten jene Jahre besonders schwer gewesen sind.

Schon im Dezember 1681 beschwerten sich die vier Gemeinden des Amtes Altenstadt über die harten Bedrückungen und baten in rührenden Worten, man möge doch den 420 Kommunikanten, welche sich unter ihnen befänden, wenigstens einen Geistlichen wieder geben, während sie vor der Reunion deren drei gehabt hätten. Die Bitte fand auch zunächst Beachtung, denn sofort schrieb der Intendant d'Alsace:

"Das vorliegende Gesuch ist an Herrn Mennweg [1] abgesandt worden mit der Weisung, den Bittstellern Gerechtigkeit widerfahren zu lassen; unterdessen erlauben wir denselben nach ihrem eigenen Ermessen einen Pfarrer zu wählen, welcher in der hergebrachten Weise vom Zehntherrn bezahlt werden soll. Straßburg, den 4. Dezember 1681."

Die Beamten hatten aber jedenfalls noch andere Instruktionen; denn vom Jahre 1683 besitzen wir eine zweite Beschwerdeschrift an

---

[1] Obervogt von Germersheim.

den Intendant d'Alsace,[1] in welcher sich die Gemeinden des Amtes Altenstadt beklagen, daß der Befehl aus dem Jahre 1681 noch nicht ausgeführt sei, sondern daß sie im Gegenteil immer größere Bedrückungen zu erleiden hätten. Auch diese Beschwerdeschrift hatte anscheinend Erfolg, da noch in demselben Jahre wieder ein reformierter Pfarrer für das ganze Amt ernannt wurde. Aber auch dieser hat nicht die geringste Spur einer Wirksamkeit zurückgelassen. Die französischen Beamten nämlich suchten den Reformierten gegenüber zwar äußerlich einen gewissen Schein der Gerechtigkeit zu bewahren, so lange es eben nur auf Versprechungen ankam, in Wirklichkeit aber ging ihr Streben dahin, nach dem Wunsche ihres allerchristlichsten Königs das reformierte Bekenntnis im ganzen Lande auszurotten. Leider ist es uns aus Mangel an Quellen nicht möglich Einzelheiten aus jener Zeit der Proselytenmacherei in unsern Gemeinden anzuführen. Wir können uns nur ein schwaches Bild davon machen nach den königlichen Verordnungen, die im Elsaß gehandhabt wurden und uns die wahren Absichten der französischen Regierung erkennen lassen. Zunächst erlangten die reformierten Konvertiten mancherlei Vorteile: Jedem, der übertrat, wurde eine gewisse Geldsumme ausbezahlt.[2] Ferner wurde den Gläubigern eines solchen verboten innerhalb 3 Jahren, vom Tage der Abschwörung an, ein ihm geliehenes Kapital zurückzufordern.[3] Dazu durften nur Katholiken königliche Beamte werden, und mancher bekam durch seinen Uebertritt Gelegenheit, eine einträgliche oder angesehene Stelle zu erlangen, wie z. B. Valentin Moog aus Schleithal, der auf diese Weise Bürgermeister wurde.[4] Selbst den Kindern verschaffte man Vorteile, wenn sie „von dem Irrtum sich lossagten, in dem sie geboren sind." Nach einer Deklaration vom 17. Juni 1681 stand es ihnen vom siebten Lebensjahre an frei, zur katholischen Religion überzutreten. Wenn sie von dieser Freiheit Gebrauch machten, konnten sie nach Belieben in das Haus ihrer Eltern zurückkehren, um deren körperliche Pflege weiter

---

[1] R. K. O.
[2] Ordonnances d'Alsace I, p. 59.
[3] Ordonnances d'Alsace I, p. 149.
[4] C. S.: Liber defunctorum 27. November 1698, abgedruckt bei Lutz, Seite 6.

zu genießen oder sonst eine ihrem Stande entsprechende Unterkunft nehmen, welche die Eltern von Quartal zu Quartal bezahlen mußten. Wehe aber denjenigen Eltern, welche ihren Kindern irgend ein Hindernis zum Uebertritt in den Weg legten! Kinder aus illegitimen und gemischten Ehen mußten ohne weiteres katholisch erzogen werden. Das Auswandern Reformierter war unter allen Umständen verboten, sogar ihre Kinder durften sie nicht nach auswärts sich verheiraten lassen.¹ Besonders streng waren die Gesetze gegen solche, welche einmal katholisch geworden waren, gleichviel auf welche Weise, und wieder zu ihrer alten Ketzerei zurückkehrten. Sie wurden mit hohen Ehrenstrafen belegt und nach Einziehung ihrer Güter für immer des Landes verwiesen.²

Diese und andere Mittel wandte man an, um die Reformierten zum Abfall von ihrem Glauben zu bringen. Wie reimt sich dies aber mit dem oben erwähnten Amnestievertrage Ludwigs XIV.? Dazu wurden die königlichen Verordnungen in der strengsten Weise und mit Anwendung vieler List und jesuitischer Kunstgriffe ausgeführt. So leicht ging es doch nicht, wie der Jesuit Laguille erzählt,³ daß nämlich die Reformierten des Amtes Altenstadt, nachdem sie die Instruktionen einer aus hochstehenden Personen gebildeten Belehrungskommission vernommen und die anmutigen Predigten eines Jesuitenpaters angehört, „zur Wahrheit zurückkehrten"; sie haben vielmehr, wie der erste katholische Pfarrer von Altenstadt, Pater Sigismund von Schlettstadt, Superior zu Weißenburg, in sehr bezeichnender Weise wörtlich schreibt: „auf Belieben Undt Authoritaet deß aller Christlichsten Königß jn Franckreich Undt Nauarra Ludovici deß 14ten Vom Calvinismo sich wiederumb Zur Catholischen Kirchen begeben".⁴ Nur dem „Belieben und der Autorität des Königs, d. h. der Gewalt der französischen Regierung wichen die Leute. Wann dies in Oberseebach geschah, wissen wir nicht, in Schleithal geschah es im Jahre 1684,⁵ in Altenstadt wahrscheinlich etwas später. In

---

¹ Ord. d'Als. I, p. 105 u. I, 150.
² Ord. d'Als. I, p. 59.
³ Histoire d'Alsace II, p. 277 ff.
⁴ C. A.: Erstes katholisches Kirchenbuch, im Anhang.
⁵ C. S.: Liber defunctorum zum 27. November 1698. vgl. Lutz S. 6.

letzterem Orte wurde wenigstens erst am Charfreitag, den 24. März, 1690, der erste feierliche Gottesdienst nach katholischem Ritus gehalten aber ohne daß sich die Gemeinde in reger Weise daran beteiligte. Die Kasualien jedoch mußten die Bewohner des ganzen Amtes Altenstadt, wie wir oben gesehen haben, schon viel früher durch katholische Geistliche verrichten lassen.

Nicht wenig erreichte man für die Bekehrung der Gemeinden durch Herbeiziehung französischer Katholiken. Als z. B. am 25. Mai 1690 das erste Frohnleichnamsfest in Altenstadt gefeiert wurde, waren es drei Franzosen, welche die Altäre im Dorfe aufrichteten, an denen die Evangelien gesungen wurden, nämlich der Bürgermeister Piere Collin, die Bürger Anton Scharton und Pierre Marce. Andere Franzosen, die in den Akten jener Zeit als in Altenstadt ansässig genannt werden, sind: Jean Collin, Isac Mesoux, Franz Dion, Jean Debrui, Nicola Jertroun, Jean Villioun, Claud Bernni u. a. m.

In den ersten Jahren der katholischen Zeit scheint jedoch das Verhältnis des Pfarrers zu den Gemeindegliedern ein nicht allzuschönes gewesen zu sein. Letztere weigerten sich dem Pfarrer die Stolgebühren zu bezahlen, bis sie durch einen Erlaß des Bischofs Harbardus von Speier den 1. Februar 1692 dazu gezwungen wurden.[1] Nur Folgendes wollen wir der Kuriosität halber aus diesem Erlasse hier anführen: „Vor die straf derer die nach der hochzeit zu frühe in die Kindtbett kommen 1 fl, 7 bz, 8 ₰," dieselbe Summe, welche „vor die Copulation und außrufung" und „vor Ein Leichpredig" bezahlt werden mußte; nur eine „Leich und Seel Meße" kostete mehr, nämlich 2 Gulden.

So hatten denn Ludwig XIV. und seine Helfershelfer in weniger als 20 Jahren es erreicht, daß das ganze Amt Altenstadt äußerlich zur katholischen Kirche gehörte. Aber die Reformierten waren nur der Gewalt gewichen, während sie in ihrem Innern dem alten Glauben zugethan blieben. Sie erbauten sich im Geheimen und besuchten, wenn es auch mit Gefahren verbunden war, den refor-

---

[1] C. A.: Erstes katholisches Kirchenbuch, im Anhang.

mierten Gottesdienſt in den benachbarten zweibrückiſchen Ortſchaften, wo die Religionsfreiheit nicht beeinträchtigt wurde. Die meiſten waren wohl nicht förmlich zur katholiſchen Kirche übergetreten, wurden jedoch mit Gewalt dazu gehalten. Wie aber die ſchwer gebundenen Gewiſſen ihre Feſſeln abzulegen ſuchten, zeigt ſchon die Geſchichte der nun folgenden Jahre.

Kapitel II.
Unter Frankreich und der Kurpfalz. — (1697-1709).

Ryswicker Friede mit der Klauſel zum vierten Artikel (1697). — 12 Bürger werden eingeſperrt (1698). — Eine Dragonade (1700). — Religionsdeklaration von Düſſeldorf (1705). — Wiederholte Bedrückungen durch Herrn Mannebach, kurpfälziſchen Amtmann und franzöſiſchen préteur royal. Schickſal des Pfarrers Artzen (1707).

Nachdem in unſern Gemeinden im Jahre 1679 mit der franzöſiſchen Herrſchaft auch die katholiſche Reaktion begonnen hatte, brach auch bald in dem Mutterlande Kurpfalz ein gleiches Unglück über die reformierte Kirche herein. Den 16/26. Mai 1685, des durch die Aufhebung des Ediktes von Nantes für die Reformierten in Frankreich ſo verhängnisvollen Jahres, ſtarb dort der letzte proteſtantiſche Kurfürſt Karl von der ſimmerſchen Linie. „Als dieſer Todes-Fall durch die Prediger von denen Cantzeln verkündiget wurde, entſtund ſolcher Wehmuth und Weinen, daß man vor lautern Wehklagen die Pfarrherrn nicht mehr verſtehen können." [1] Was man ſchon lange befürchtete, eine Gefährdung der religiöſen Freiheit in der Pfalz, trat ein mit der Erhebung des katholiſchen Wilhelm von Neuburg auf den pfälziſchen Kurfürſtenſtuhl. Zwar zeigte deſſen Nachfolger Johann Wilhelm in den erſten Jahren ſeiner Regierung eine gewiſſe Mäßigung in der kirchlichen Reaktion, um jedoch nach dem Ryswicker Frieden (1697) den kirchlichen Terrorismus in blindem

---
[1] Struve S. 696.

Bekehrungseifer auf das Höchste zu steigen zu lassen. Der Ryswicker Friede schloß den für die Pfalz so verhängnisvollen Pfälzer Erbschaftskrieg (1688—1697) ab, in welchem Ludwig XIV. die blühendsten Städte derselben in der grauenhaftesten Weise durch Melac hatte zerstören lassen. Jedoch mußte Frankreich in dem genannten Frieden das Oberamt Germersheim an die Kurpfalz wieder zurückgeben. Mit diesem wurden auch Oberseebach und Schleithal wieder pfälzisch.

Wagten es nun nach der Proklamation des Ryswicker Friedens (19. Januar 1698) die Seebacher und Schleithaler, sich wiederum offen und frei zu der reformierten Kirche zu bekennen und ins Amt Kleeburg in den Gottesdienst zu gehn, so mußten sie allzubald in der schmerzlichsten Weise erkennen, daß man Mittel genug fand, ihre Religionsfreiheit auch ferner zu hemmen. Sie mußten ihren Kampf um ihr gutes Recht und höchstes Gut weiter fortzusetzen; erst ihre Nachkommen trugen 8 Jahrzehnte später den Sieg davon.

Die französischen Gesandten hatten nämlich auf dem Kongreß zu Ryswick, den 21. Oktober 1697, ganz am Schlusse der Verhandlungen, als die Gesandten von Brandenburg und Hessen-Kassel, sowie andere evangelische Vertreter schon abgereist waren und zu dem Vertrage nur noch die Unterschrift fehlte, es durch List und Drohungen durchgesetzt, daß zum vierten Artikel die Klausel hinzugefügt wurde, „daß jedoch die römisch-katholische Religion in den so zurückerstatteten Ortschaften in dem jetzigen Stande verbleiben solle." Der im Geheimen verabredete diplomatische Handstreich der Katholiken gelang: die Klausel wurde nach einem anfänglichen Widerspruche den 30. Oktober von den Evangelischen mit nur wenigen Ausnahmen unterzeichnet.[1] Die Franzosen hatten erreicht, was sie wollten: ihre kirchliche Usurpation war rechtlich anerkannt und somit die für die Protestanten günstigen Bestimmungen des Westfälischen und das Nymweger Friedens zu nichte gemacht. Im folgenden Jahre erschien von dem Diplomaten Chamoi die berüchtigte

---

[1] Moser: Vollständiger Bericht von der so berühmt als fatalen Clausula articuli IV. pacis Ryswicensis. Frankfurt 1732. — Eine der neuesten Bearbeitungen ist die „Untersuchung über die Ryswicker Klausel" von Dr. Martin Wagner.

„Liste der Orte, welche von der Clausul zum vierten Artikel des Ryswicker Friedens betroffen sind." Statt 29 Ortschaften, die nach den anfänglichen Aeußerungen der Katholiken diese Liste enthalten sollte, zählte dieselbe deren 1922 auf. Darunter waren auch die Dörfer des Amtes Altenstadt aufgeführt mit der Bemerkung: „Die Kirche gehört ausschließlich den Katholiken wegen der allgemeinen Bekehrung der Einwohner."[1] Durch diese Worte war der evangelische Gottesdienst für immer aus den früher ausschließlich reformierten Kirchen unserer Gemeinden ausgeschlossen; selbst das Simultaneum (gemeinsame Benutzung der Kirche für beide Konfessionen), das man unter den obwaltenden Umständen mit Freude hätte begrüßen können, blieb versagt. Die Bewohner von Altenstadt und Schweighofen scheinen in jener Zeit ihren Anschluß an die katholische Kirche endgültig vollzogen zu haben, wenigstens erfahren wir in der Zukunft bei ihnen nie wieder etwas von einem Widerstand gegen dieselbe. Doch die Seebacher und Schleithaler gaben ihre Hoffnung nicht auf, zumal da ihr Kurfürst schon am 24. Januar 1698 an alle Oberämter die Versicherung ergehen ließ, „daß der Artikel IV. Pacis Ryswicensis (des R. Friedens) die Gewissens-Freiheiten der Unterthanen nicht hemmen sollte."[2] Es stellte sich aber bald heraus, daß dies nur leere Worte waren. Der ganz von Jesuiten geleitete Kurfürst Johann Wilhelm glaubte den Ketzern sein Versprechen nicht halten zu müssen, und als diejenigen, welche nach dem Friedensschluß „zu ihrer alten Ketzerei zurückkehrten,"[3] sich nicht durch gütliche Mittel bewegen ließen in die katholischen Kirchen zu gehen, wurden den 16. November 1698 sechs Bürger von Oberseebach und ebensoviele von Schleithal nach ihrem Amtsorte Altenstadt zitiert[4], wo sie von einer Bekehrungskommission den Befehl erhielten, sofort katholisch zu werden. Als sie aber sich weigerten dies zu thun, wurden vier derselben, nämlich die Brüder Reinhard und Hans Fauth von Oberseebach,

---

[1] Im Anhang zu dem oben bezeichneten Werke von Moser Nr. 533 —535.
[2] Struve p. 766 u. 829.
[3] C. S.: Liber defunctorum. vgl. Lutz p. 6.
[4] Protokoll des Konsistoriums in Bergzabern vom 27. Dezember 1698 B.: Rep. 40. 6. d. Struve p. 820 ff.

Daniel Mock und Hans Heinz von Schleithal, unter schrecklichen Drohungen auf einem Karren nach Germersheim geführt und die übrigen acht unter gräulichen Flüchen und Verwünschungen, bei welchen sich der geistliche Dekan, namens Bourmann, vor den weltlichen Mitgliedern der Kommission besonders auszeichnete, in Altenstadt selbst in das Gefängnis geworfen. Hier suchte man den Uebertritt durch allerlei Quälereien von ihnen zu erzwingen: man reichte ihnen die kümmerlichste Nahrung, bestehend in Wasser und Brot; bei der grimmigsten Kälte ließ man sie ohne genügende Kleidung, so daß zweien darunter, „deren einer über 60 Jahre alt gewesen," die Füße ganz erfroren; einen sperrte man in eine Rauchkammer, in welcher er hätte ersticken müssen, wenn er nicht durch eine von seinen Peinigern unbemerkte Oeffnung des Ladens noch notdürftig Luft geschöpft hätte. Während dieser Behandlung beteuerten die armen Leute wiederholt vor der Kommission: „Sie wollten gern all ihr Hab und Güter fahren lassen und gleichsam mit dem Rücken ansehn, man möchte sie doch wieder loslassen," jedoch vergebens; man verlangte mehr: sie sollten ihren reformierten Glauben abschwören. Als man nichts erreichte, drohte der Oberamtsverwalter, Scherlin mit Namen, sie bis zum Tode also gefangen zu halten mit den Worten: „Ihr vermaledehte Ketzer, Bluthunde, Diebe, Mörder u. s. w. sollt so lange im Thurm gehalten werden, bis ihr von selber darinnen crepirt, und man euch solchergestalten hinwiederum herausschleppe und werfe; oder bis ihr versprechen werdet, daß ihr die katholische Religion wieder annehmen werdet."

Es ist nicht zu verwundern, daß, durch Angst und Verzweiflung getrieben, die armen, infolge der Qualen ihrer Sinne kaum mehr mächtigen Gefangenen, nach der Rückkehr ihrer vier Leidensgenossen aus Germersheim, schließlich das thaten, wozu sie unaufhörlich gedrängt wurden: sie unterschrieben ein ihnen vorgelegtes Schriftstück, nach dessen Wortlaut sie u n g e z w u n g e n zur katholischen Religion übergetreten seien, und nachdem sie noch 199 Gulden für Zehrung und Amtsgebühren der Kommission während ihrer Gefangenschaft bezahlt hatten, wurden sie wieder frei gelassen. Allein zu Hause angekommen, bereuten sie den Schritt, den sie gethan hatten, um nur ihrer Marter loszuwerden, und besuchten, ungeachtet des wider Gott und Recht von ihnen erpreßten Versprechens, am darauf folgenden Sonntage mit ihren Glaubensgenossen den reformierten Gottesdienst im Amte Kleeburg. Als sie kurz hernach hierüber verhört wurden, bekannten sie offen und frei: „Sie wären gesinnt, nimmermehr von ihrer wiedereinmal angenommenen reformierten Religion abzustehen; sondern dabei beständig zu verbleiben, auch solcher Gestalten nach dem gnädigen Willen Gottes zu leben und zu sterben."[1]

Doch damit gab man sich nicht zufrieden. Es kam im Anschluß an jene Gewaltmaßregel eine harte Verfolgung über die ganzen Gemeinden von Oberseebach und Schleithal, von der wir außer der Thatsache, daß sie 700 Gulden Unkosten verursachte, nur folgende Einzelheit erwähnen können: Während jene 12 Männer im Gefängnis saßen, verschmähte ein Schleithaler Bürger, namens Christoph Rörig,[2] in seiner letzten Krankheit den Zuspruch des katholischen Pfarrers, und ließ sich dagegen von seinen Freunden „geistliche und andächtige Gebethe und Psalmen" vorlesen. „Unter den selbstgesprochenen Worten: „Gott sei mir Sünder gnädig," schied er von dieser Welt den 27. November 1698. Wie sollte nun aber die Leiche begraben werden? Auf eine diesbezügliche Anfrage gab Brechenmacher, der Ausfaut von Germersheim, die Antwort: „Ob man in dieser Gegend keine Galgen hätte, unter welche selbiger verblichene tobte Cörper könnte begraben werden? allermaßen der selbige keiner besseren Erd-Bestattung würdig seye." — Diese Geschichte, welche uns Struve berichtet, finden wir durch eine Notiz im Schleithaler katholischen Kirchenbuche bestätigt: „Christoph Rörig, welcher sich 14 Jahre hindurch katholisch stellte — — — ist elend gestorben und verdorben ohne Kreuz und Licht und ist deshalb, des kirchlichen Begräbnisses beraubt, an der den Ketzern angewiesenen Stelle ohne Glockengeläute beerdigt werden." — Wie viele solcher

---

[1] Diese Geschichte verlegt L. E. in die Zeit Rittels, um diesen, den Helden seines Büchleins, hineinzubringen dazu ist manches Unhistorische hinzugefügt und manches Historische weggelassen. Vgl. übrigens auch weiter unten.

[2] Nicht „Relig", wie Struve schreibt S. 822. vgl. Liber defunctorum in Schleithal. Lutz S. 6. Der Name „Rörig" kommt auch heute noch in Schleithal vor.

oder ähnlicher Fälle werden wohl vorgekommen sein, ohne daß wir eine Nachricht davon haben!

Noch schlimmer erging es unsern beiden Gemeinden im Sommer des Jahres 1700. In dieser Zeit schickte der Kurfürst eine Kommission, an deren Spitze ein geistlicher Dekan stand, mit Unterstützung einer Abteilung Dragoner in das Amt Germersheim unter strengstem Befehl, alle Einwohner desselben katholisch zu machen.[1] In Ottersheim, Bellheim und andern Orten hausten die Soldaten in der unerhörtesten Weise „wie kein Feind im Kriege, mit Betten-Ausleeren, Wein-Frücht-Verschütten und andern Insolentien, mit Essen, Trinken und auf discretion leben daß es hätte mögen einen Stein erbarmen, dann sie nicht nur in aller Füllerey und Uebermuth gelebt, sondern das übrige verderbt und an die Wand und auf den Boden geschmissen, denen Gänsen mit Degen die Hälse abgehauen, die Hüner lebendig entzwey gerissen, die Kälber in die Stuben getragen und auf die Tische gelegt, drohende, solche auch zu schlachten, biß solche die Leuth wieder mit Geld ranzionirt u. s. w. u. s. w."

Freitag den 4. Juni zog die Kommission in das Amt Altenstadt.[2] Sie hatte aber einen solchen Schrecken vor sich her verbreitet, daß die Bewohner von Oberseebach und Schleithal vor ihrer Ankunft schon so viel als möglich von ihrer Habe in Sicherheit brachten und einer Einladung nach Altenstadt keine Folge leisteten „aus Furcht übeler Tractamenten, so sie von denen zu Bellheim erfahren." Da hinterließ der Amtsverweser einen Befehl, daß sie bis Mittwoch, den 9. Juni, erklären sollten, katholisch zu werden, widrigenfalls all ihr Hab und Gut consisciert und sie in das bitterste Elend sollten gejagt werden. „Welcher aber flüchtig würde,

---

[1] Die Quellen für die Darstellung der nun folgenden Dragonade B.: R. 40. 6. e. abgedruckt bei Struve S. 993.

[2] Sämmtliche drei schon erschienenen Monographien wissen von der im Folgenden beschriebenen Dragonade nichts. Es ist dies um so mehr zu verwundern, als sie das Werk von Struve, welcher einen genauen Bericht darüber bringt, wohl kennen. Oder folgten die beiden letzten einfach Röhrich, welcher die Dragonade übersieht und an deren Stelle nur von dem „Uebermaß eines Uebels" spricht? Vgl. Struve S. 993; Religions-Negotiationen S. 148; Monatl. Staatsspiegel, August 1700 S. 35. —

und von ihnen hernachher in Chur-Pfalz oder beim Bistum Speyer sich würde betretten lassen, derselbe sollte alsdann in eine Ochsenhaut eingewickelt und geschleiffet werden." Den darauffolgenden Sonntag ließ die Kommission in der Nacht einige Häuser durchsuchen, konnte aber niemanden finden. Die Leute hatten sich eben in den Wald,[1] besonders aber in die benachbarten zweibrückischen Orte Hunspach und Steinselz geflüchtet, wo sie gute Aufnahme fanden. Dabei konnten sie nur mitnehmen, was sie in der Eile zusammengerafft hatten, das Uebrige: Haus und Hof, die meisten Haustiere, die reifenden Früchte auf den Felde und dergleichen, mußten sie dem sicheren Untergang preisgeben. Manche Familien mußten auch nach kurzer Frist wieder in ihre Wohnungen zurückkehren oder konnten dieselben überhaupt nicht verlassen, besonders solche, in denen Schwache, Kranke oder Wöchnerinnen waren, und blieben so für mehrere Wochen ohne jeden Schutz der Willkür entmenschter Soldaten preis gegeben.

Die armen Leute konnten es aber nicht glauben, daß das alles wirklich auf Befehl des Kurfürsten geschehe und schickten daher zwei Deputierte nach Heidelberg, um die Regierung zum Schutze gegen ihre Dränger anzurufen. Statt aber angehört zu werden, wurden dieselben in den Turm gesetzt und sogar auf eine zeitlang nach Mannheim zu harter Strafarbeit verurteilt. Inzwischen wurden die Schleithaler und Seebacher, wie vor ihnen schon die Bellheimer, in die Kirche getrieben, „welcher Thüren von Reutern verwahret stunden, daß keiner herausgehen dörffte," und „seynd mit Gewalt angehalten worden katholisch zu communiciren, da dann in der Kirchen ein jämmerlich Weinen und Lamentiren gewesen, daß es einen Stein hätte erbarmen mögen." Ungestört trieben die Soldaten auch in den Häusern ihr Unwesen gegen die Reformierten; selbst die Wöchnerinnen verschonten sie nicht. Der Frau von Johannes Ullrich

---

[1] Verfasser kannte noch einen Greis von Oberseebach, der oft erzählte, daß er von seinen Großeltern erfuhr, wie dessen Vorfahren sich oft Tage und Nächte hindurch im Walde aufhielten, um sich vor ihren Belehrern zu verbergen. Dies wird wohl eine Erinnerung an die Dragonade von 1700 sein; jedoch gab es im Laufe der Verfolgung noch oft Anlässe, daß sich wenigstens einzelne flüchten mußten.

Köbel, welche den 12. Juni in das Wochenbett gekommen war,[1] rissen sie zwei Leintücher unter dem Leibe weg. Auch denjenigen, welche sich nach Hunspach und Steinselz geflüchtet hatten, suchten sie o viel als möglich zu schaden. Dieselben hatten wohl ihre Zugtiere mit in die Verbannung genommen, aber kein Futter für dieselben, so daß sie genötigt waren ihre Pferde auf die Weide zu treiben. Die Soldaten aber kamen und nahmen des Nachts mehrere davon weg. Dazu fiel die Zeit jener Heimsuchung gerade in die Ernte, und die Reformierten wurden durch die Soldaten am Einheimsen gehindert, sodaß das Heu auf den Wiesen und die Früchte auf dem Felde verdarben. Von Hunspach aus versuchten es manche, ihr Getreide im Seebacher Felde zu holen. Schon waren sie einmal mit einigen Ladungen bereits auf dem zweibrücker Gebiete glücklich angelangt, als sie von den Dragonern eingeholt, ihre Pferde nach Altenstadt geführt und ihre beladenen Wagen so lange bewacht wurden, bis sie durch baares Geld ausgelöst waren. Die Schleithaler hielten diese Plackereien nur 14 Tage aus, mit Ausnahme von zwei Bürgern, namens Jacob Wilhelm und Hans Burg, die sich nach Steinselz geflüchtet hatten. Die übrigen aber mußten, „aus Furcht, die Erndte und alle Habseligkeiten zu verlieren, unter der Last erliegen, und durch Zwang unterschreiben, daß sie freywillig und ungezwungen wieder wären katholisch geworden." Dazu mußten sie schon in der dritten Woche dem Herrn Dekanus 304 Gulden an Executionskosten ausliefern. Außerdem verlor Jacob Wilhelm, abgesehen von den beweglichen Gütern, die er in Schleithal zurückließ, ein Stück Wiesen, das Heu auf seinen übrigen Wiesen, sämmtliche Früchte auf dem Felde, über 80 Malter. Hans Burg verlor: 2 Stück Wiesen, das Heu auf seinen übrigen Wiesen und sämmtliche Früchte im Betrage von 50 Malter.

Die Oberseebacher hielten über einen Monat länger aus. In der achten Woche erschienen sie auf eine Citation, die ihnen zugleich die Zusicherung gab, daß ihnen nichts Schlimmes widerfahren sollte, vor den Herrn Kommissarien in Altenstadt, wo ihnen der Dekanus so sehr mit

---

[1] Liber baptismorum in Oberseebach. — Man kann hier wieder wie oben in der Uebereinstimmung der bei Struve abgedruckten Berichte mit den kirchlichen Akten, eine Bestätigung für die Zuverlässigkeit der ersteren sehn.

Drohungen zusetzte, daß alle mit Ausnahme von neun Familien dieselben Dinge unterschrieben wie die Schleithaler. Aus Freude über diesen Erfolg warf der Dekan den Spielleuten in freigiebiger Weise Geld hin, um sich und seiner ganzen Umgebung einen lustigen Tag zu verschaffen. Dies ging natürlich alles auf Kosten der armen Seebacher, welche auf einmal dem Amtsschreiber an baarem Geld 975 Gulden einlieferten, „wozu die neun standhaffte Familien, ohne was sie von denen Executions-Reutern, und durch Beraubung der Winter-Gerste, Metzelung der Schweine, Rindvieh und Geflügels vor Schaden erlitten, allein 626 Gulden contribuiret. Außerdem konnte das Feld während der Dragonade nicht bebaut werden, was für das folgende Jahr noch einen Verlust von über 3000 Gulden verursachte, „einfolglich sie im vollen Frieden anjetzt an den Bettelstab nicht allein geriethen, sondern auch ihr Gewissen nicht frei behielten."

Von den angeführten Exekutionskosten erhielt der Wirt in Altenstadt, namens Nikolaus Jäger, bei welchem sich die Bekehrungskommission „mit den eingeladenen Gästen und Damen" aufhielt, außer einer gewissen Summe Geld, 130 Malter Früchte. Das Uebrige bekamen der Major und der Rittmeister der Exekutionstruppen für ihre Mühe, sowie der Dekan mit seinen Helfershelfern. Ein menschliches Gefühl zeigte der katholische Amtsverweser Chuno, von dem die Reformierten sonst viel zu leiden hatten. Die Verfolgung schien selbst ihm, der im Allgemeinen den Ketzern gegenüber gar nicht so gefühlvoll war, zu hart, sodaß er sich weigerte, von den erpreßten Geldern einen Heller für sich in Empfang zu nehmen.

Wenn wir nun fragen, wie viele von denen, welche „aus menschlicher Blödigkeit und Mangel an Lebensfristung" übertraten, katholisch blieben, so können wir keine bestimmte Zahl angeben. In Schleithal scheinen es allerdings die meisten gewesen zu sein, aber nicht in Oberseebach.[1]

---

[1] Für Oberseebach haben wir eine Zählung in einem katholischen Kirchenvisitationsprotokoll von 1701 (St.: G. 5824), welche 19 reformierte und 48 katholische Familien nennt, aber falsch ist. Gegen diese Zählung steht zunächst ein Verzeichnis aus dem Jahre 1700 (B.: Rep. 40. 6, e. u. Struve S. 1012 f.), welches 41 reformierte Familien nennt; es haben sich aber zur Zeit der Dragonade jedenfalls noch weniger Familien offenkundig auf seiten der Reformierten gestellt als ein Jahr später, wo der größte

Wie lange die Dragonade in unsern Gemeinden dauerte, geht aus den Berichten, die bei Struve abgedruckt sind, nicht deutlich hervor. Die Bekehrer scheinen sich jedoch noch vor Ende des Sommers entfernt zu haben. Und was hatten sie mit ihren Gewaltmitteln erreicht? In Schleithal haben sie allerdings eine reiche Ernte gehalten, nicht aber in Oberseebach. Hier blieben die meisten und, wir können dies für beide Dörfer behaupten, die Besten nach wie vor ihrem alten Glauben zugethan. Sie gingen wie früher nach Hunspach in die Kirche, wo sie auch ihre Ehen einsegnen und ihre Kinder taufen ließen, was nicht immer ohne Gefahr möglich war[1]. Kam es aber vor, daß ein Kind starb, so beerdigten sie es «inscio parocho» (ohne Vorwissen des Pfarrers). Konnte der Todesfall vor dem katholischen Pfarrer nicht verheimlicht werden, so wurde das Kind, wenn es „getauft und in statu innocentiae (im Stande der Unschuld) verstorben war, nach katholischem Ritus und mit den gehörigen Zeremonien" begraben.[1] Erwachsene jedoch, die vor ihrem Tode den priesterlichen Zuspruch verschmähten, wurden „ohne Verrichtung einiger ceremonia" begraben „auf einem gemeinen ungeweihten Orth", und es durfte „bei großer Strafe kein Reformierter sich unterfangen, zu den reformierten Sterbenden aus einem andern Dorf einen Praedikanten zu rufen, ihnen dero Vermeintes abendtmahl zu reichen". Dabei mußten aber die Reformierten „für jedwelche Amtshandlung, ob dieselbe vom Pfarrer ausgeführt wurde oder nicht, die vorgeschriebenen Gebühren entrichten". Die Kinder mußten sie ohne Ausnahme in die katholische Schule schicken, in welcher kein anderer als der katholische Katechismus gelernt werden durfte, eine

---

Druck schon vorbei war. Ferner steht dagegen ein anderes katholisches Kirchenvisitationsprotokoll von 1729 (St.: G. 5824), nach welchem 58 katholische und 75 reformierte Familien in Oberseebach sind, welch letztere Zahl auch sonst verbürgt ist (B.: Rep. 11 n. 234). Ist es nun möglich, daß im Zeitraum von 28 Jahren die reformierte Bevölkerung von 19 auf 75 Familien stieg und die katholische von 48 auf nur 58, während doch die reformierte immer einige verlor zu gunsten der katholischen und die katholische außerdem noch wuchs durch Einwanderer, was zur Zeit der Verfolgung bei der reformierten ausgeschlossen war? Es dürfte also klar sein, daß jene Zahlen von 1701 nicht richtig sind. — Ueber die Zahlenverhältnisse von Schleithal konnten wir nichts ermitteln.

[1] Struve, S. 1040.

Maßregel, gegen welche sie sich ebenso sehr sträubten, wie gegen die übrigen Bestimmungen zur Unterdrückung ihres Glaubens. Da es nun gerade zu Oberseebach sich traf, daß in den ersten Jahren des Jahrhunderts kein katholischer Schulmeister vorhanden war,[1] wagten es die Reformierten, im Dezember 1701 einen solchen von ihrer Konfession zu bestellen. Aber kaum war derselbe in das Dorf gekommen und hatte 2 oder 3 Tage Unterricht erteilt, da erhielt er von dem katholischen Pfarrer daselbst einen Befehl, sofort nach Ablesung desselben die Schule aufzugeben, „wofern er nicht einen Spott erleben wolle". Kurz darauf wurde auch von dem Amtmann Mannebach in Altenstadt demjenigen Bürger, welcher den Schulmeister im Hause hielt, unter 20 Reichsthalern Strafe anbefohlen, denselben sofort zu entfernen.[2]

Alle die genannten Maßregeln gegen die Reformierten ergingen im Sinne und auf Wunsch des Kurfürsten Johann Wilhelm. Er selbst hatte in einem Privatbriefe über die gewaltsame Katholisierung der Pfalz geschrieben: „Dies alles muß mit solcher Manier vorgebracht werden, daß es nicht das Ansehen hat, als wenn es von uns herrühren thue".[3] Um den guten Schein zu bewahren, konnte er deshalb nicht umhin, eine wenn auch nicht ernstgemeinte Untersuchung über die Bedrückungen zu veranlassen: die Herren von der Bekehrungskommission Quadt, de Greiffenclaw und de Prées bezeichneten die wider sie erhobenen Beschwerden einfach als freche Verleumdungen der gottlosen Bauern, welche dafür empfindliche Strafen verdient hätten, und damit war die Sache für sie abgethan.[4] Der Kurfürst sah sich aber schließlich doch genötigt, den Vorstellungen evangelischer Fürsten, unter denen der König von Preußen das Meiste that, nachgebend, im Frühling 1701 an sämtliche Oberämter Befehle zu erlassen, welche ihrem Wortlaute nach für die Unterdrückten höchst günstig schienen.[5] Unter anderm heißt es in denselben: „Damit nun der gantzen erbaren Welt um so mehr unter

---

[1] St.: G. 5824.
[2] Struve, S. 1040.
[3] Wagner, Untersuchung S. 82.
[4] B.: Rep. 40, 6, e.
[5] Struve, S. 1028, 1048 und sonst

die Augen leuchte, daß wir sämtl. unsern Churfürstl. Unterthanen die gantze Gewissens-Freyheit ohne eintzigen Zwang, wie der auch sein mag, würklich angedeyhen lassen, wollen wir gnädigst, daß diejenige protestirende Unterthanen, welche Zeit währender Französ. Herrschaft die Cathol. Religion angenommen, nach erfolgtem Frieden aber wieder verlassen, und zur Reformierten umgetreten, einige fernere Anspruch und Zumuthen hierunter nicht beschehen, sondern einem jeden frey stehen solle, zu was vor einer Religion aus denen im Reich tolerirten 3 Religionen nach Belieben sich zu bequemen" u. s. w.

Danach hätten unsere beiden Gemeinden wieder vollständig in ihre freie Religionsübung mit allem, was dazu gehört, eingesetzt werden sollen. Aber wie wenig sich die Beamten an jenen Befehl hielten, zeigt schon das vorhin erwähnte Verfahren gegen den reformierten Schulmeister in Oberseebach. Die von jesuitischem Geiste beseelten Beamten wußten eben die mildernden Befehle in vielfacher Weise zu umgehen, ja sogar vollständig unbeachtet zu lassen.[1] Sie übten nach wie vor dieselben Bedrückungen aus und ließen nirgends Milderungen eintreten. Besonders hart erging es dem Oberamte Germersheim, zu welchem Oberseebach und Schleithal gehörten. Von 27 reformierten Geistlichen, die vorher in demselben wirkten, wurden nur noch 5 zugelassen, dagegen waren die katholischen um 20 vermehrt worden. Wenn in einem Orte nur 3 oder 4 Familien wohnten, wurde der reformierte Pfarrer durch einen katholischen ersetzt.[2] Jeder evangelische Prediger, der einem seiner Pfarrkinder, das einmal zur kathol. Kirche übergetreten war, wieder das heil. Abendmahl reichte, wurde „ohn alle Verhör abgesetzet und des Landes ververwiesen". Da, wo noch reformierter Gottesdienst stattfand, wurden nicht nur die Kirchen, sondern auch die Pfarrhäuser gemeinschaftlich benutzt. Die reformierten Pfarrer, welche letztere vorher allein bewohnt, „sind daraus gar verdrängt worden, oder elendig darinnen in den schlechtesten Gemächern sich behelfen, dabei viel Ueberdrang wider Willen, ja schläge noch dazu leiden müssen".[3] Wo kein reformierter Pfarrer wohnte, zog n die katholischen alle Amts-

---

[1] Häußer, II, S. 822.
[2] B.: Rep. 40, 6, d.
[3] B.: Vorakten zum Religionsreceß vom 21. Nov. 1705.

handlungen an sich, und es durfte in Krankheitsfällen kein reformierter Seelsorger gerufen werden.[1] Auch die Gravamnia (Beschwerden) in Bezug auf die reformierten Almosen, die Seminarien, die Zusammensetzung des Kirchenrates, die Erziehung der Kinder aus gemischten Ehen, das Halten der katholischen Feiertage und anderes wurden trotz der Kurfürstlichen Erlasse nicht abgestellt. Da nahm sich der König von Preußen, Friedrich I., mit starker Hand seiner Glaubensgenossen in der Pfalz an. Er drohte, als seine Verhandlungen keinen günstigen Erfolg zu verheißen schienen, die Katholiken in seinem eigenen Lande auf ähnliche Weise zu behandeln, wie Johann Wilhelm es mit den Protestanten mache.[2] So sah sich denn der Kurfürst zu der sogenannten Religionsdeklaration von Düsseldorf genötigt, den 21. November 1705. Die Reformierten der Pfalz sollten nach derselben fortan von jeglichem Zwang von Seiten der katholischen Kirche befreit sein. Besonders für das Amt Germersheim wurde im Nebenreceß § 11 Folgendes festgestellt.[3]

„Versprechen und wollen Ihro Churfürstliche Durchlaucht auch, daß es mit dem Oberamt Germersheim auf nachfolgende weiß gehalten werden solle, nehmblich, daß wegen der Gewissensfreiheit, Ehesachen, ungehinderten öffentlichen und privaten Uebung mit allem was dazu gehört an allen und jeden orthen dieses Oberamts der geistlichen Gerichtsbarkeit, Vorrechte der Priester, Seelsorge, Aufrichtung neuer Kirchen mit Thurm, Glocken und Zubehörungen, Schullen, Pfarr- und Schulhäusern eben auf denselbigen Fuß gehalten werden solle, wie Ihro Churfürstliche Durchlaucht solches in dero übrigen Churpfälzischen Landen zu halten unter heutigem Dato declariert haben, zu dessen Folge dem reformierten Kirchenrath soviel Pfarrer und Schuldiener in gemeldtem Oberamt anzuordnen, als von demselben nötig zu sein erachtet wird, erlaubt und zugesagt sein solle zu denjenigen Kirchen, so die reformierte weiteres in gedachtem Oberamt Germersheim bauen werden, das darzu

---

[1] B.: Rep. 40, 6, e.
[2] B.: Vorakten zum Religionsreceß vom 21. Nov. 1705.
[3] Abschriften a. a. O. u. B. K. O.; ferner „Verordnung des Kgl.* frz. Staatsrats, Kehl 1783", S. 15.

nötige Gehölz aus dero negsten Waldungen gratis hergeben zu lassen."

Jetzt glaubten die Seebacher und Schleithaler, die Stunde der Erlösung habe endlich geschlagen; aber sie mußten wiederum nur zu bald in der schmerzlichsten Weise erkennen, daß diese Worte für sie wie nicht vorhanden waren. Durch den Ryswicker Frieden hatten sie nämlich nicht nur ihre Herren und Bedrücker vertauscht, sondern statt des einen deren zwei erhalten. Frankreich mußte zwar das Oberamt Germersheim an die Pfalz zurückgeben, aber es war nicht gesonnen, den durch die Reunionen daselbst erlangten Einfluß wieder einfach fahren zu lassen.[1] Gleich nach dem Frieden riß es die meisten Rechte zwischen der Lauter und der Queich an sich und besetzte im Anfang des Jahrhunderts durch seine Truppen die ganze Lauterlinie. Frankreich hatte also im Amte Germersheim die größte Macht in Händen, während der Kurfürst nur auf dem Papier der Herr desselben war. Letzterer tröstete sich auch hierüber, da er ja in der Bekämpfung des Protestantismus an Frankreich einen willigen Bundesgenossen besaß. Damals wurde, seltsam genug! in Weißenburg ein Beamter eingesetzt, welcher zugleich französischer préteur und kurpfälzischer Amtmann war. Der erste dieser Beamten war der schon genannte de Mannebach, der unter dem Schutze seiner Doppelmaske, wie wir noch sehen werden, über 20 Jahre hindurch den Gemeinden von Oberseebach und Schleithal unsägliches Leid zufügte.

Daß aber auch die kurfürstliche Regierung kaum gesonnen war, die Religionsdeklaration in ihrer für die Reformierten günstigen Bedeutung zur Geltung kommen zu lassen, mußten die beiden Gemeinden bald einsehen. Wo blieben ihre versprochenen Pfarrer und Schuldiener? wo die Kirchen, zu welchen sie aus den kurfürstlichen Waldungen das Gehölz umsonst erhalten sollten? Erst nach langem Nachsuchen wurde den 3. Februar 1707, also über 15 Monate nach der Religionsdeklaration, Pfarrer Gervinus ernannt für Oberseebach und Schleithal, und der Inspektor von Rheinach beauftragt, ihn in

---

[1] Häußer, II, S. 808.

seine Gemeinden einzuführen.¹ Allein die Ernennung von Gervinus war in Abwesenheit des pfälzischen Rats und Oberamtmanns geschehen, und so mußte man die Sache wieder zu verschieben. Zugleich mit einer weiteren Vorstellung des Kirchenrats unterm 4. März wurde außer Gervinus noch ein anderer Kandidat mit Namen Fluck vorgeschlagen und letzterer den 12. desselben Monats von der Regierung ernannt.¹ Doch kaum war er in seinen Gemeinden angekommen, als er starb², ein Fall, der unter jenen Zeitverhältnissen wohl etwas Verdacht erregen könnte. Den 17. Mai darauf erhielt der Inspektor in Lautern und Pfarrer in Alsenbrück, namens Michael Artzen,¹ auf Vorschlag des Kirchenrates eine Bestätigung von der Regierung für Oberseebach und Schleithal. Dieser trat auch bald nachher sein Amt an und hielt den 24. Juni zum erstenmal Gottesdienst, freilich nur in einer Scheune. Den kurfürstlichen Erlassen zufolge hätte allerdings den Reformierten zugunsten das Simultaneum eingeführt werden sollen, und die Katholiken erhielten dasselbe auch überall, sogar da, wo sie in verschwindender Minorität vorhanden waren; hatten sie aber einmal eine Kirche ganz eingenommen, so erhielten die protestantischen Konfessionen nie wieder das Recht, Gottesdienst darinnen zu halten. Nun, die armen Unterdrückten waren dennoch froh, daß sie in ihren heimatlichen Dörfern nach 28 Jahren der Verfolgung überhaupt wieder einmal eine Predigt nach dem Glauben ihrer Väter hören konnten. Wenn aber nur Mannebach nicht gewesen wäre! Dieser verstand es gar trefflich, das Glück der armen Leute wieder zu zerstören.

Bereits den 1. Juli 1707 erhielt der Anwalt von Oberseebach einen Befehl von Mannebach³ des Inhalts, daß er dem calvinistischen Pfarrer, welcher in den beiden Gemeinden „wieder alle recht und gerechtsam propria authoritate possession genommen", mitzuteilen habe, „daß derselbe sich inner 24 stunden außer benen linien befinde, widrigensfalß Er gefänglich als ein Verwegener anhero ge-

---

[1] R. K. O.
[2] B.: Rep. 11. n. 234.
[3] Die folgende Geschichte des Pfarrers Artzen. B.: Rep. 11. n. 234 u. R. K. O.

bracht werden wird". Artzen, auf sein gutes Recht und die kurfürstliche Ernennung sich verlassend, blieb auf seinem Posten. Da erhielt der Schultheiß zu Schleithal und der Anwalt zu Seebach am 22. Juli einen zweiten Befehl. In den stärksten Ausdrücken ergeht sich hierin Mannebach über den Prädikanten, der "sich angemaßet, ohnerachtet des von Monsieur Quadt vormaligen Herrn Commandanten bißfalls ergangenen ernstlichen verbotts unter Bedrohung schärffster militärischer Execution, seine Religionsübung von Neuem seit Abzug wohlgedachten Herrn Commendants Quadts vorzunehmen. Alß wird demselben Prädikanten vormaliger befelch hiermit reiterieret (wiederholt), und ihme sambt seinem renegatischen Complot wegen und im nahmen des dermahlen dahier und in der ganzen lautherlinien en chef commandierenden Generals Monsieur de Vivant, zum Ueberfluß nochmahlen alles Ernstes bedütten sich innerhalb 24 Stunden nicht allein außer den Dörfern Schleythal und Seebach, sondern sogar außer den linien bey Vermeydung ohnumgänglich der allerschärffsten militärisch execution, und Verhütung sehr herben, zumahlen wohlverdienten Plags tractamenten, Wie nicht weniger bey 50 Reichsthaler unnachläßig-herrschaftl. frevelstraf denenjenigen renegatisch gesinnten, So ihme vorgedachten Ministre den Unterhalt länger als angesichts dieses gestatten werden".

Artzen blieb auch trotz dieses zweiten Befehls. Aber nun war es für Mannebach genug. Sonntag, den 29. Juli, als Artzen eben in Schleithal in einer Scheune Gottesdienst halten wollte, kam Mannebach auf einem Einspänner durch die Dorfstraße ihm entgegen. Er forderte die Bürger, welche in der Nähe waren, auf, den Prädikanten zu greifen, was jedoch keiner that. Darauf ließ er sich von Artzen die kurfürstliche Ernennung geben, sah sie ein wenig an, zerriß sie, warf sie auf die Erde und zertrat sie mit den Worten: "Kurpfalz hat hier gar nichts zu befehlen in geistlichen Dingen, ohne Erlaubnis des französischen Intendanten dürfe kein Prediger sich hier aufhalten." Als ihn Artzen auf seine begangene Majestätsbeleidigung hinwies, antwortete Mannebach: "solche ordre, als er eben zerrissen, wäre nur (Salvo honore) ein —wisch".

Von dem weiteren Schicksale Artzens wissen wir nur, daß er nach jenem Auftritt mit Mannebach seinen Posten verlassen mußte.

Noch schlimmer erging es dem Inspektor von Impflingen, der, wie Mannebach selber schreibt, "umb dergleichen Beginnen nacher Straßburg gefänglich geschleppet worden".[1]

Der als Nachfolger von Artzen ernannte Pfarrer Bickes,[2] welcher aus seiner Pfarrei in Germersheim vertrieben war, wurde von Mannebach überhaupt nicht zugelassen, ebensowenig der den 21. März 1709 ernannte Pfarrer Christiani. Welcher Mittel sich Mannebach bediente, um die Einführung Christianis zu verhindern, läßt sich aus folgendem, an die Schultheißen von Seebach und Schleithal gerichteten Schreiben erkennen, das wir in wörtlicher Abschrift hier wiedergeben:[3]

"Demnach S. Excellenz der Herr General Marquis de Berry in erfahrung gekommen, wie daß die renegaten (Widerspenstigen) und Calvinisch gesinnte, umb einen Calvinistischen prediger in beiden Gemeinden Schleuthal und Sebach auffs Neue Wiederumb einzuführen und zu etablieren sich eußerstens bemühen thun, Also hat höchstd. J. Excellenz sich gäntzlichen resolviret (beschlossen), falß durch dergleichen Conspirationes (Verschwörungen) ein sothan höchstens je Von S. Königl. Maj. in Frankreich an gedachten Generalen selbsten Crafft meiner Vorhandenen gbst. ordre, Wiederumb Verbottenes Religions Exercitium Vorgenohmen Werden solte, nicht allein die Conspirirenden renegaten, sondern auch den Vermeintlichen predigern durch die garnison daselbsten anhero gefänglich abzuführen und in den thurn werffen zu laßen, deßwegen ich denen Scholtheißen und gemeinden beider Dorffschafften zu diesem ende, solches scharffes Vorhaben Herrn Generals, Wolmeinend zu notificiren erachte, damit sie sich von dergleichen freventlichen beginnen gäntzlich enthalten und sich vor großer Ungelegenheit hüten mochten und solle dieses denen

---

[1] B.: Rep. 11. n. 234.
[2] Bickes war nicht schon 1700 in Oberseebach, wie Röhrich mit Bletzenstein irrtümlich annimmt. Als er den 27. März 1707 zu Hördt bei Germersheim in einer Scheune mit Erlaubnis des Oberamtmanns Gottesdienst hielt, wurde er von dem katholischen Pfarrer, dem Schaffner und 2 Kapuzinern daselbst in der rohesten Weise gestört. B.: Rep. 40, 6, f. 4
[3] B.: Rep 40, 6, f. 6.

beiden gemeinden deutlich vorgelesen werden, damit sich keiner mit der unwißenheit entschuldigen möge und sol es der Scholtheiß zu Schleuthal nacher Sebach Überschicken.

Sign. Weißenburg, den 19. April 1709.

De Mannebach.

So blieb also die Religionsfreiheit in der ganzen Lauterlinie unterdrückt, und unsere Gemeinden waren aufs neue verwaist.

Sollte aber dieses rechtswidrige Verfahren Mannebachs ungestraft hingehen? Die Gemeinden berichten über das Geschehene an den König von Preußen, welcher, empört über den Bruch der vor kurzem mit ihm unterzeichneten Religionsdeklaration dem Kurfürsten unterm 3. Sept. 1707 ernste Vorstellungen darüber macht und verlangt, Mannebach zur Rechenschaft zu ziehen.[1] Der Kurfürst, so schreibt der König, könne es nach seinen eigenen Zusicherungen nicht dulden, daß seine Unterthanen, die, früher zur katholischen Religion gezwungen, nach der Religionsdeklaration sich wieder frei zu ihrem reformierten Glauben bekannt hätten, als „Renegaten" bezeichnet würden, wie es von Mannebach geschehen sei, „ein Schmähname, der unter Türken und Heiden zwar wohl bekannt, unter denen Christen aber nie erhört und in denen Reichssatzungen scharff verbotten" sei.

Auch der Kirchenrat in Heidelberg reicht eine Beschwerde ein,[2] in welcher er den Kurfürsten daran erinnert, daß Mannebach sogar schriftlich die durch die Religionsdeklaration erlaubten öffentlichen Zusammenkünfte als „heimliche Conventicula, conspirationes und calvinistische Complotten tituliert", daß er bei jenem Auftritt in Schleithal mit den schimpflichsten Worten und Handlungen sich einer Majestätsbeleidigung schuldig gemacht, daß er ferner frech behauptet, die Religionsdeklaration könne für die Pfalz nicht gelten, da sie „ein vom König in Preußen durch die Ungunst der Zeiten infolge der ungebührlichen Bitten der Calvinisten Churpfalz aufgebürdeter Vergleich seye".

---

[1] R. K. O.
[2] B.: Rep. 11. n. 234.

Was geschah hierauf? Man zog pfälzischerseits die Sache in die Länge und ließ Mannebach in bisheriger Weise weiter verfahren. Für diesen war es auch keine allzugroße Mühe, sich aus der Schlinge zu ziehen. Wie aus einem von ihm selbst verfaßten Berichte vom Jahre 1715 [1] — so sehr verzögerte man die Angelegenheit — hervorgeht, verdrehte und leugnete er dasjenige, was ihm nicht geraten schien einzugestehen. Er bewies oberflächlicherweise, daß die Reformierten in Oberseebach und Schleithal rechtlich keine Religionsfreiheit zu beanspruchen hätten. Jene unerlaubten Schmähungen habe er nicht auf diejenigen bezogen, welche beständig bei ihrer Religion geblieben seien, sondern nur auf solche, „die von einer Religion ab und zur anderen zugefallen seynd". Artzen, Christiani und der Inspektor von Impflingen seien von ihm vertrieben worden, weil sie ohne kurfürstliche Bestätigung, also ohne Fug und Recht, Gottesdienst gehalten hätten, übrigens sei diese Anordnung nicht auf pfälzischen, sondern auf französischen Befehl getroffen. Es half nichts, diese Ausführungen zu widerlegen; es half nichts, durch Dokumente zu beweisen, daß die beiden Ortschaften erst durch die französischen Reunionen in ihrer Religionsfreiheit angefochten wurden und daß die Ernennung von Artzen und Christiani wohl durch den Kurfürsten eigenhändig unterschrieben war; es half nichts, vom französischen Intendanten in Straßburg den schriftlichen Nachweis zu bringen, daß Frankreich mit der Unterdrückung der Reformierten in Seebach und Schleithal nichts zu thun habe und der Inspektor von Impflingen „keineswegs der Religion halben, sondern darum nach Straßburg geführt worden, weil er etwas Wein verführen lassen, und dadurch, wiewohl unschuldig, als ein Kundschafter in Verdacht gerathen".[1] Mannebach fuhr ungestört fort, „sein Doppelgesicht zeigend", die Reformierten unter dem schwersten Druck zu halten. Je nach Umständen nannte er den Kurfürsten seinen „unmittelbaren Herrn" oder erging sich beinahe in demselben Athemzuge in den derbsten Ausdrücken gegen denselben und sagte, nur Frankreich habe hier zu befehlen.[1] Beschwerten sich unsere Gemeinden bei dem Kurfürsten, so hatte Frankreich die Schuld, beschwerten sie sich bei

---

[1] B.: Rep. 11. n. 234.

dem Intendanten, so gingen die Bedrückungen von der Pfalz aus. Beiden aber gefiel die Handlungsweise Mannebachs und sie ließen ihn gewähren.[1] Was blieb da den armen Unterdrückten noch übrig? Geduldig auf Gottes Hülfe zu harren und auf die Schritte ihres mächtigen Freundes und Beschützers, des Königs von Preußen, der nie ermüdete für seine Glaubensgenossen einzutreten. Doch sollte ihre Standhaftigkeit noch auf sehr ernstliche Proben gestellt werden.

Kapitel III.

Unter Frankreich und den Bischöfen von Speier (1709—1780.)

Tauschvertrag des Kurfürsten mit dem Bischof von Speier (9. VII. 1709). — Die Bedrückungen werden von Mannebach fortgesetzt. — Gefangennahme eines Schulmeisters (1722). — Reformierte Brautpaare. — Reformierte Taufpathen. — 5 Bürger werden nach Colmar abgeführt (1750). — Erlebnisse des reformierten Vikars Jüngst in Schleithal (1752). — Konvertitenverzeichnis. — Letzter Kampf und endlicher Sieg. Theobald Rittel (1778—1780).

Nicht besser wurde die Lage unserer Gemeinden, als Bischof Hartard von Speier, welcher zugleich Probst von Weißenburg war und infolgedessen wegen des Vertrages von 1521 das Amt Altenstadt zur Hälfte mitbesaß, durch Tauschvertrag vom 9. Juli 1709 auch die andere Hälfte erhielt. Zwar wurde im 5. Artikel auf Betreiben des Königs von Preußen[2] vom Kurfürsten die Bestimmung hinzuge-

---

[1] Irrtümlich ist Schöpflins Aussage (Alsatia illustrata II, p. 175), in Oberseebach und Schleithal sei „cultus reformatae religionis anno 1708 reductus...."

Ebenso irrtümlich ist Röhrichs Bemerkung (S. 553): „Ungekränkt blieben (seit 1705) beide Dörfer im Genusse der freien Religionsübung, bis der pfälzische Churfürst dieselben am 9. Juli 1709 an den Bischof von Speier vertauschte."

Unbegreiflich aber ist die Ansicht in „Theobald Rittel" (S. 11). „Vor dem Jahre 1709 lebten die Reformierten in Oberseebach und Schleithal, unter Churfürst Johann Wilhelm, ziemlich ruhig und unangefochten..." Der Verfasser weiß also weder etwas von den französischen Reunionen noch von den Bedrückungen unter Johann Wilhelm; ja er hält sogar diesen „edlen Churfürsten" für einen „evangelischen Christen"!!

[2] B.: Rep. 40. 6. f. 6.

fügt, „daß, was das Kirchliche angeht, Unsere Religions-Deklaration sub dato Düsseldorf den 21. Novembris 1705 nebst dem Neben-Receß in Kraft verbleibe";[1] aber dies waren nur leere Worte. Die Verhältnisse in unsern Gemeinden blieben dieselben, nur daß der Fürstbischof von Speier fortan die Rolle des Kurfürsten übernahm. Mannebach blieb in seiner Stellung auch als bischöflicher Amtmann und setzte seine Bedrückungen in ungestörter Weise fort. Wir wollen hier nur die hauptsächlichsten davon hervorheben:[2]

Die reformierten Brautpaare mußten vor ihrer Kopulation ein katholisches Glaubensbekenntnis ablegen; ebenso diejenigen Bürger, welche das Amt eines Gerichtsmannes[3] bekleiden, wie auch die Fremden, welche das Bürgerrecht im Amte Altenstadt erlangen wollten. Brautpaare, die sich auswärts wollten kopulieren lassen, drohte Mannebach nicht nur von Haus und Hof sondern auch aus dem Lande zu vertreiben. Diejenigen, welche sich früher schon auswärts hatten kopulieren lassen, mußten nachträglich dem katholischen Pfarrer die Kopulationsgebühren im Betrage von einem Thaler entrichten. Von einigen wurden dieselben durch militärische Exekution eingetrieben, was ihnen über 60 Gulden Unkosten verursachte ohne die körperlichen Mißhandlungen, die sie dabei erleiden mußten. Die Kinder durften bei hoher Strafe nicht auswärts getauft werden. Waren sie aber einmal von dem katholischen Pfarrer getauft, so galten sie selbst als katholisch, aus welchem Grunde auch keine reformierten Pathen bei der Taufe zugegen sein durften. „Unter schwehrer und ohnausbleiblicher Straf" befahl Mannebach die Kinder in die katholische Schule zu schicken, in welcher „keine der alleinseligmachenden Religion zuwidrige Katechismen" gelernt werden durften. Durch sieben Mann Husaren zwang er die Reformierten den katholischen Schulmeister zu bezahlen, was wiederum 66 Gulden Unkosten verursachte.[4] Er hielt die Leute auch an, die kirchlichen Gebräuche, darunter das Maienstecken am

---

[1] R. K. O. u. B.; Rep. 11. n. 234.
[2] «Specifications des principaux griefs de la religion des protestants à Seebach et Schleithal». B.; a. a. O.
[3] Heute soviel als etwa Gemeinderatsmitglied.
[4] R. K. O.

Frohnleichnamstag, mitzumachen, für deſſen Unterlaſſung er ſie zu wiederholten Malen „mit Geld und Wachs" beſtrafte.[1] Im Jahre 1719 ließ er ihnen deswegen ſogar 32 Kühe pfänden, deren jede ſie wieder mit je einem Thaler einlöſen mußten, eine Affaire, welche an „baarem Geld" auf 50 Thaler mit den Unkoſten auf 100 Gulden kam.

Dies iſt nur eine ſummariſche Aufzählung der Bedrückungen, die von Mannebach ausgingen; alle aber verhängte er „vermög hochfürſtlichen Befehls ſowohl als auch königlicher Ordonnanz", wie eine jede ſeiner Anordnungen beginnt. Welche Stellung nahmen aber beide Regierungen dazu?

Die Reformierten von Oberſeebach und Schleithal wandten ſich zunächſt an ihren rechtmäßigen Herrn, den Fürſtbiſchof von Speier, teils direkt teils indirekt. Ihre perſönlichen Bitten und Beſchwerden blieben aber ſtets unberückſichtigt, und Mannebach ließ ſie jedesmal dafür büßen. Dann trat der Heidelberger Kirchenrat für ſie ein; aber was vermochte eine Verſammlung von Männern, die weiter nichts für ſich hatten als das theoretiſche Recht, einem Fürſten gegenüber, der, auf ſeine Macht und andere erlaubte und unerlaubte Mittel geſtützt, dasſelbe mit Füßen trat? Das Corpus Evangelicorum[2] ferner that zwar auch das Seine, aber nur, wenn es auf das Schreiben ankam; dies beweiſen ſchon die Foliobände ſeiner von Schauroth geſammelten Akten und die „Religions-Negotiationen". Erreicht wurde dadurch nichts. — Die einzigen, welche die Sache mit Ernſt betrieben, waren die Könige von Preußen, ſowohl Friedrich I. als auch ſein Nachfolger. Dieſe, wie auch ihre Miniſter, unter denen beſonders der in Frankfurt reſidierende Rat Hecht zu nennen iſt, ſcheuten ſelbſt nicht die größte Mühe für unſere Gemeinden. Wenn man aber den Reformierten von Oberſeebach und Schleithal oft einen Vorwurf daraus machte

---

[1] Schauroth III. S. 57 u. 129; B.: Rep. 11. n. 234.

[2] Das C. E. war eine aus Vertretern der evangeliſchen Reichsſtände gebildete ſtändige Behörde zur Wahrung der evangeliſchen Intereſſen und zur Erledigung der zahlreichen Klagen über Verletzungen der Beſtimmungen des Weſtfäliſchen Friedens. Es hatte ſeinen Sitz in Regensburg und beſtand von 1563 bis zum Ende des deutſchen Reiches (1806).

und sie dafür bestrafte, daß sie sich in ihren Angelegenheiten an eine auswärtige Macht wandten, so hatten die Könige von Preußen das Recht, ja sogar die Pflicht für dieselben einzutreten: waren sie doch durch die Religionsdeklaration zu Düsseldorf zu Beschützern der Protestanten in der Pfalz geworden. Hatten nun die Bemühungen derselben auch keine direkten Erfolge für die Religionsfreiheit zu verzeichnen, so erhielten sie doch die Unterdrückten in steter Hoffnung, ohne die sie sicher der katholischen Kirche zugefallen wären.

Lange kümmerte sich der Fürstbischof nicht um die Vorstellungen, die von Berlin kamen, stets aber wußte er Ausflüchte und fertigte seine bedrängten Unterthanen mit Vertröstungen ab. Als er schließlich gezwungen war eine bestimmte Erklärung abzugeben, ließ er den 5. Juni 1716 durch seinen Vice-Kanzler, Herrn von Schmitt, dem Kaiserlichen Notarius publicus Schröder in Speier schreiben: „Daß Ihro Hochfürstliche Gnaden den Reformierten von Oberseebach und Schleithal dießfalß nicht zuwider, sondern zu willfahren gemeint wären, sofern nur von seythen Frankreich nichts in Wege geleget würde, wie denn Herr Mannebach zu Weißenburg als Bischöflicher Amtmann und Königlich-Französischer Rath sich hette vernehmen lassen, daß Er dißfalß widrige ordres hette, mithin Ihro Hochfürstliche Gnaden noch zur Zeit in der Sache vor sich nichts thun könnten".[1] Aehnlich lautet die Erklärung, welche der Bischof dem König von Preußen selbst gab unterm 16. Januar 1717 mit der hinzugefügten Bemerkung: früher schon hätten sich diese seine Unterthanen nach seiner eigenen Anweisung an den französischen Intendanten gewandt mit der Bitte, ihnen einen Pfarrer und Schulmeister gestatten zu wollen, aber sie seien „mit scharfen inhibitorialien" (Verboten) abgewiesen worden. Es ist wahr, der Intendant in Straßburg hatte sie abgewiesen, aber mit den Worten: „Gehet zum Bischof von Speier, er ist Euer Herr", und damit zu erkennen gegeben, daß Frankreich, wenigstens dem Scheine nach, nichts mit den Bedrückungen zu thun haben wollte, sondern dieselben nur von dem Bischof ausgingen. An wen sollten sich die armen Leute nun halten?

---

[1] B.: Rep. 11. n. 234 u. R. K. O.

Nach mehreren weiteren Bemühungen, die alle zu keinem Ziele führten, beschlossen sie es mit einer Gesandtschaft an den Bischof zu versuchen.[1] Sechs Bürger von Oberseebach und Schleithal begaben sich nach Speier, wo sie den 13. Juni 1719 mit dem Königlich preußischen Rat Hecht aus Frankfurt zusammentrafen. Noch denselben Tag bat dieser und seine Schutzbefohlenen in ganz geziemender Weise um Audienz. Seine fürstliche Gnaden waren aber gerade, um sich einige Bewegung zu machen, in der Kühle des Morgens ausgefahren, weshalb die Bittenden den andern Tag wieder erscheinen mußten. Aber auch das zweite Mal erhielten sie keine Audienz, da die Spazierfahrt dem Fürstbischof so übel bekommen, daß er mit niemanden sprechen konnte. Weil jedoch ein Vertreter des Königs von Preußen nicht ganz abgewiesen werden durfte, wurde demselben eine Unterredung mit dem Hofrat Schummartz gestattet. Herr Hecht schilderte mit beredten Worten die Not seiner Klienten und verlangte für sie auf Grund des Westfälischen und Ryswicker Friedens, besonders aber der Religionsdeklaration, auf welche sich der Bischof in dem Austauschkontrakt selbst verpflichtet hatte, vollständige Religions- und Kultusfreiheit. Der Hofrat gab darauf eine Erklärung,[2] welche der Bischof durch seine eigene Unterschrift bekräftigte und denselben Tag noch an den König abschickte, des Inhalts, daß den Einwohnern von Oberseebach und Schleithal das Recht der freien Religionsübung keineswegs bestritten werden könne und er, der Bischof, es als seine Pflicht erkenne, sie darin zu unterstützen; er könne sich aber dabei nur passiv verhalten wegen des französischen Uebergewichtes. Wenn Frankreich jedoch nichts dagegen habe, „werde er nie zuwider sein diesen seinen Unterthanen dasjenige wozu sie vermög öffentlicher Verträge befugt, würklich angedeyhen zu lassen". Nach diesen Worten war es also nur noch nötig, wie Herr Hecht den 21. Juni 1719 an seinen königlichen Herrn schrieb,[1] von der französischen Regierung „einige wenige Zeilen an des Herrn Bischofen fürstliche Gnaden aufzubringen, daß man an seiten Frankreich die Wiedereinführung des reformierten Gottesdienstes nicht hindern wollte."

---

[1] B.: Rep. 11. n. 234.
[2] R. K. O.

Die französische Regierung verhielt sich jedoch ebenso wie die bischöfliche. An schriftlichen Zusicherungen ließ sie es nicht fehlen, während sie zur Besserung der Lage unserer Gemeinden nichts that. So haben wir schon in einem Zirkular des Intendanten de la Houssaye an alle «baillifs» (Amtleute) den 9. September 1712 die Worte: „die von der Augsburgischen Konfession und die von der sogenannten Reformierten Religion können ohne Einschränkung ihrer Freiheit im Elsaß wohnen". [1]

An solchen und ähnlichen Erklärungen fehlte es auch in den folgenden Jahren nicht. [2] Noch weiter brachte der König von Preußen — Friedrich Wilhelm I., der unsern Gemeinden gegenüber ebenso gesinnt war wie sein Vater Friedrich I. — die Angelegenheit der Reformierten durch seinen Hofrat und Residenten Herrn Sellentin in Paris. Dieser sprach im März 1720 ausführlich mit dem gouverneur de la province d'Alsace, Marechal d'Huxelles, der sich gerade in der Hauptstadt aufhielt, und überreichte ihm den ins Französische übersetzten Befehl Mannebachs, durch welchen er die Reformierten von Oberseebach und Schleithal zwang ihre Kinder in die katholische Schule zu schicken.[3] D'Huxelles geriet dabei in das größte Staunen, „daß Mannebach sich unterstanden des Königs von Frankreich Namen zum Deckmantel zu gebrauchen seine gegen die reformierte habende animosität zu bemänteln". Alles, was Mannebach gegen die Gemeinden vorgenommen habe, sei nicht vom französischen Hofe, sondern ohne Zweifel von dem bischöflich speierischen befohlen. Der Marechal versprach, Mannebach zur Rede stellen zu lassen und bat Sellentin die Gemeinden zu versichern, daß er ihnen dem Westfälischen Frieden gemäß zu ihrem Rechte verhelfen werde.

Die Sache schien auf diesem Wege zum gelingen; man bedurfte nur noch der Zustimmung des Intendanten d'Angervilliers und des Comte du Bourg, eines andern einflußreichen Beamten in

---

[1] R. K. O. In den Ord. d'Alsace I, p. 414 fehlt dieser Zusatz, der offenbar im Original stand, sonst hätten ihn unsere Reformierten der französischen Regierung gegenüber nicht ungerügt als Argument benutzen können.
[2] So z. B. den 25. Februar 1718. B.: Rep 11. n. 234.
[3] B.: Rep. 11 n. 234.

Straßburg, und sie war gewonnen. Mit beiden sprach im Mai desselben Jahres der englische Minister Haldane.[1] De Bourg zeigte ihm einen Brief von d'Huxelles, nach welchem Mannebach eine empfindliche Strafe verdient habe, „weil er Frankreich in sein höchst ungehöriges Spiel verwickelt habe," und versicherte, daß er Mannebach darauf hin nach Straßburg habe kommen lassen und gedroht, ihn ins Gefängnis zu setzen, falls er in Zukunft sich ähnliche Dinge erlauben sollte. So leicht kam also Mannebach für seine Gewaltthaten davon! — Der Intendant d'Angervilliers beteuerte dem englischen Minister, daß die Gemeinden ihm nur eine Bittschrift einzureichen hätten, um von ihrem Drucke befreit zu werden.

Schon einige Tage nach diesen Zusagen, den 16. Mai 1720, schickten die beiden Gemeinden, voll der besten Hoffnung, eine Deputation aus ihrer Mitte nach Straßburg, welche dem Intendanten die verlangte Bittschrift mit einer «specification des principaux griefs de religion» (Darlegung der hauptsächlichsten Religionsbeschwerden) überreichte.[1] Dieser redete aufs Freundlichste mit ihnen und sagte, ihre Angelegenheit verdiene Beachtung, sie sollten jedoch ruhig wieder nach Hause gehen, und schickte die Bittschrift zur Untersuchung an monsieur Witmann nach Lauterburg, einen ähnlichen Doppelbeamten wie Mannebach. Dadurch wurde die Sache wieder verschoben, und es kam nie, wie es ja des Intendanten eigentlicher Wille war, zu der versprochenen Abhilfe. Einen Thatbericht, den der Heidelberger Kirchenrat zur Unterstützung der Gemeinden nach Straßburg schickte, ließ der Intendant, wie er selbst nach Paris berichtete,[2] unbeachtet und unbeantwortet. Völlig unbegründet ist das Gerücht, daß Mannebach, wie Hecht den 27. Juni 1720 an seinen königlichen Herrn schreibt,[1] „von dem jetzigen Herrn Bischofen, Kardinal von Schönborn (Hartard war den 30. November 1719 gestorben) wegen schlechter Amtsführung umb 6000 Thaler gestrafet worden, auch bei den Franzosen, in deren Diensten Er zugleich mitstehet, diesesmal in üblem credit ist, nicht allein gestöhret wor-

---

[1] B.: Rep. 11. n. 234.
[2] «Lettres écrites à la cour par. M. d'Angervilliers» in «Bulletin de la Société pour la conservation des Monuments historiques d'Alsace.» Vol. X, II Serie p. 145

ben, sondern auch viele harte Bestrafung umb der Religion willen erleiden müssen".

Trotzdem schien in den Augen der Reformierten und ihrer Fürsprecher eine bessere Zeit eintreten zu wollen. Es war für sie eben nicht leicht, die wahren Absichten ihrer Bedränger, welche auf nichts anderes als die vollständige Ausrottung des reformierten Bekenntnisses in Oberseebach und Schleithal abzielten, zu durchschauen. Schon wagte der Kirchenrat von Heidelberg einen Pfarrer für beide Ortschaften zu ernennen, mit Namen Serini.[1] Der Inspektor Bruch konnte nicht umhin, die freudige Kunde durch einen Expreßboten an die Gemeinden zu berichten den 18. Mai 1722. Inzwischen hatten diese schon einen Schulmeister aus dem nahen Zweibrückischen aufgenommen, welcher ihre Kinder unterrichten und ihnen selbst bis zur Ankunft ihres Pfarrers[2] in einer Scheune Gottesdienst halten sollte. Aber wie hatten sich die Leute getäuscht! Den 22. Mai kamen ganz unerwartet morgens zwischen 2 und 3 Uhr ein Lieutenant und vier Reiter von Weißenburg, rissen den Schulmeister aus dem Bett, banden ihn, ohne ihm Zeit zum Ankleiden zu lassen, halbnackt zwischen zwei Pferde so hart, „daß die Haut heruntergangen", und schleppten ihn nach Weißenburg „durch Hecken und Stauden", sodaß nach ihrer Ankunft der Chirurgus daselbst „von des verwundeten Schulmeisters Füßen ganze Stücker Fleisch hinwegschneiden müssen". Zwei Bürger aber, die nachgeritten waren, um zu sehen, was mit ihrem Schulmeister geschehen sollte und ihm die Kleider zu bringen, nahmen die Häscher unterwegs, nachdem sie Feuer auf dieselben gegeben, ebenfalls gefangen und setzten alle drei in den „Galée-Thurn", „wonach ein Mann vor dem Thurm ihnen zugerufen, wan sie wolten katholisch werden, solten sie loskommen". Die drei Leute saßen nun mehrere Monate im Gefängnis, wofür ihre Glaubensgenossen das „thurngelbt" bezahlen mußten; für die beiden ersten Monate z. B. 22 Gulden, 13 Batzen 2 Pfennig.[3] Im Ganzen kam die Geschichte „mit dem, was die

---

[1] R. K. O.

[2] „Balletin u. s. w." X. Bd., II Serie p. 150; B.: Rep. 11, n. 234; R. K. O.; Scharoth III. p. 129.

[3] Eine Rechnung vom 22. Juli 1722 befindet sich im R. K. O.

Häscher gekostet haben und den Unkosten" auf 510 Gulden.[1] Um die Sache noch recht schlimm zu machen, mußte es geschehen, daß in der Nacht der Gefangennahme des Schulmeisters ein reformierter „unverständiger Junge auf eines katholischen Schmiedknechts instigation" die Bürgerglocke zog und die Gemeinde zusammenrief. Dies wurde so ausgelegt, als ob die Reformierten einen Auflauf hätten machen wollen, um sich der Staatsgewalt zu widersetzen. Sie waren nun nicht nur Ketzer, welches Verbrechen schon groß genug war, um die härtesten Maßregeln hervorzurufen, sondern auch Rebellen gegen die Obrigkeit, was sie wiederum in der empfindlichsten Weise büßen mußten.

Auf wessen Veranlassung war nun die Gefangennahme des Schulmeisters geschehen? Der Bischof schob wieder wie gewöhnlich die Schuld auf Frankreich. Doch gab er sich den Anschein, als ob er den Reformierten Gerechtigkeit widerfahren lassen wollte und schickte folgendes auf die Rückseite einer Beschwerde- und Bittschrift der Gemeinden geschriebenes „Decretum" den 5. Juni 1722 nach Weißenburg:[2] „Wird Herr Rath und Ambtmann Mannebach beß Endes communiciret über invermeldte Gravamina sich mit Beyſtland zu informieren und zu weiter Entschließung wie und welchergestalten dieselbe beschaffen, forderſambſt anhero zu berichten". Was ist aber das für ein Gericht, bei welchem der Angeklagte zum Untersuchungsrichter eingesetzt iſt!?

Und wie verhielt sich der französische Regierung? Wir haben einen Brief des holländischen Gesandten van Hopp vom 31. Mai 1723,[3] in welchem dieser dem König von Preußen mitteilt, daß er mit dem Intendanten d'Angervilliers, der sich gerade vorübergehend in Paris aufhielt, wegen der Religionsangelegenheiten von Oberseebach und Schleithal gesprochen habe. Van Hopp schreibt unter anderm folgendermaßen: „Er hat mir unterdessen beteuert, daß er keineswegs eine Verfolgung beabsichtige und daß er auch keinen Befehl dazu erteilt habe, und er hat mich versichert, daß, wenn diese

---

[1] a. a. O. u. B.: Rep. 11. m. 234.
[2] B.: Rep. 11. n. 234.; R. K. O.
[3] B.: Rep. 11. n. 234.

Leute sich beklagten, es mit Unrecht geschehe, da man ihnen die Gewissensfreiheit ließe. . . ." So redet d'Angervilliers mit Van Hopp. Man vergleiche damit folgende Worte aus einem Briefe des Intendanten selbst an den königlichen Hof vom 13. Juni 1722: „ . . . Wir haben einer Abteilung der Gensdarmerie, welche in Weißenburg ihren Sitz hat, den Befehl gegeben den Schulmeister schleunigst zu verhaften, was auch den 22. des vergangenen Monats ausgeführt wurde. . . . Was die Gemeinde betrifft, so scheint es am einfachsten, eine Abteilung eines in der Nähe liegenden Dragonerregimentes dorthin zu schicken mit dem Befehle sich bei den Calvinisten einzuquartieren. . . Es ist sehr wahrscheinlich, daß die Einwohner nicht anstehen werden mit ihrer Rückkehr zur Kirche, und dann kann man sie wieder von den Truppen befreien". Diese Worte genügen, um den Charakter der von jesuitischem Geiste beherrschten französischen Beamten zu kennzeichnen!

Bei einem solchen Verhalten der bischöflichen und französischen Regierung waren alle Bemühungen der Höfe von Preußen, England, Holland, Schweden, Braunschweig[1] und anderer evangelischer Staaten, die sich sowohl privatim als auch durch das «Corpus Evangelicorum» für unsere Gemeinden verwandten, vergeblich: sie erfuhren nirgends die Wahrheit. War aber einer der beiden Bedrücker überführt, sobaß er sich nicht mehr damit helfen konnte die Schuld auf den andern zu schieben, so hatten es die untern Beamten ohne höhere Befehle gethan; diese wurden zum Schein auch dafür zur Verantwortung gezogen, um nachher wieder ungehindert in der alten Weise fortzufahren. So kamen auch nach dem Abgang von Mannebach[2] noch unsägliche Drangsale über unsere Reformierten.

Nach der Gefangennahme ihres Schulmeisters mußten sie ihre Kinder unweigerlich in die katholische Schule schicken. Da sich die meisten dieser Maßregel widersetzten, wurden einige Reiter zu ihnen geschickt, welche sie 72 Gulden kosteten, außer 80 Gulden zur Besoldung des katholischen Lehrers für die Jahre 1723 und 1724, und

---

[1] B.: Rep. 11. n. 234.
[2] Er wird in den uns bekannten Akten zum letzten Male genannt den 5. Juni 1722. R. K. O.; B.: Rep. 11. n. 234.

eine Menge Früchte, die durch einen „französischen Huissier" mit Gewalt vom Felde weggenommen wurden.[1] Als die katholischen Behörden sahen, daß alle Bekehrungskünste an den Reformierten von Oberseebach und Schleithal nutzlos waren, wären sie, wenn sie nicht die bedenklichsten internationalen Verwickelungen gefürchtet hätten, dem Rate gefolgt, den ihnen ein Kaiserlicher Kommissarius gab, „die zwei elenden Dörfer mit Pulver in die Luft zu sprengen."[2] „Inzwischen aber suchten sie eine der einschneidendsten Maßregeln durchzuführen, um die evangelische Einwohnerschaft unserer Gemeinden „auf Umwegen völlig zu extipiren" (mit Stumpf und Stiel auszurotten). Sie verweigerten den reformierten Brautpaaren die Trauung. Ließen sich dieselben aber auswärts kopulieren, so wurden sie mit hohen Strafen belegt, und ihre Kinder, die trotzdem als uneheliche angesehen wurden, mußten katholisch erzogen werden. Auf diese Weise hoffte man die ganze Bevölkerung nach Ablauf eines Menschenalters für den Katholicismus erobert zu haben: „Alles der evangelischen Religion zum empfindlichsten Abbruch und denen Reichs-Verfassungen schnurgerade und vermessentlich zuwider."[3] Wir können leider nur zwei Brautpaare namhaft machen, welche im Jahre 1733 von dieser Maßregel betroffen wurden: Martin Schmidt mit Anna Maria Jung und Martin Pflug mit Barbara Andreas, bei welchen noch der erschwerende Grund hinzukam, daß sie, wenn auch nur in entferntem Grade, verwandt miteinander waren. Der katholische Pfarrer kam mit dem Schulmeister „und einem Mann aus der Gemeinde, welcher eine Flinthe bei sich gehabt," zu ihnen ins Haus mit der Zumutung, sie sollten sofort katholisch werden, und dem Verbot „bei 20 Reichsthaler Strafe" sich auswärts kopulieren zu lassen. Allein beide Paare thaten gerade das, was ihnen verboten war. Martin Pflug ging sogar bis nach Klingenmünster unterhalb Bergzabern zu Pfarrer Hosemann.[3] Dem katholischen Pfarrer von Oberseebach aber mußten sie die Kopulationsgebühren entrichten, und ihre Kinder wurden als uneheliche in das Kirchenbuch eingeschrieben, „weil sie

---

[1] B.: Rep. 11 n. 234.
[2] B.: Rep. 13. 32.
[3] B.: Rep. 11. n. 234; R. K. O.

sich heimlich anderwärts kopulieren ließen, ohne mein, des Pfarrers, Vorwissen".[1]

Die früher durch Mannebach erteilte Vorschrift, daß bei Taufen reformierter Kinder nur katholische Pathen zugelassen werden sollten, wurde nach einem kräftigen Widerstande der Reformierten [2] mehrere Jahre hindurch etwas mild gehandhabt. Im Jahre 1750 aber brachte der katholische Pfarrer Bonaventura Dantrimont dieselbe wieder hervor, angeblich durch französischen Einfluß, und zwar mit einer Strenge, die keine Ausnahmen erlaubte. Die Reformierten konnten jedoch nur durch die größte Gewalt dazu gebracht werden, ihre Kinder der Gefahr auszusetzen, nach dem etwaigen Tode der Eltern, von Katholiken „sowohl leiblich als geistlich versorgt zu werden."[3] Im Kampfe um die Pathen kam es in der Kirche bisweilen zu heftigen Auftritten, wie bei dem Oberseebacher Bürger Theobald Rittel im Jahre 1752.[3] Als dieser den 16. Juli sein neugeborenes Kind in die Kirche brachte, wies der Pfarrer die reformierten Taufzeugen, welche mitgekommen waren, vor die Thüre und verlangte von dem Vater „unter allerlei hefftigen und unanständigen Ausdrücken" sofort katholische zur Stelle zu bringen. Da aber Rittel, statt dies zu thun, auf sein Recht der Religionsfreiheit hinwies, erging sich der Pfarrer abermal in den derbsten Redensarten, indem er ihn einen „Aufwiegler und Rebellen öffentlich declarieret," holte selbst katholische Pathen herbei und nahm dann die heilige Handlung vor, „darüber er sich dermaßen erboset und erhitzet hat, daß er bey Unternehmung der Tauff die umbstehenden Leute ersuchet vor ihn zu bitten, damit er das Kind recht und ordentlich tauffen könne."

Wie Rittel, weigerten sich die meisten reformierten Bürger katholische Taufpathen zu nehmen und brachten, wenn es gelang, ihre Kinder lieber ungetauft aus der Kirche wieder nach Hause, ein

---

[1] C. O.: Liber baptismorum, den 21. Oktober 1734; 1. Dezember 1740; 21. Februar 1741.

[2] Schon nach Beendigung der vorliegenden Arbeit fanden wir im kath. Kirchenbuch bei einem Taufakt vom 27. Oktober 1728 folgende Bemerkung: «Quia parens infantis in matrinam contra mandatum meum assumpserat calvinistam, non permisi, ut assisteret actui Baptismi...»

[3] R. K. O.

Verfahren, das ihnen als ein Verbrechen gegen die christliche Religion ausgelegt wurde, als ob sie die Taufe überhaupt verschmäht hätten. So wurde im Jahre 1750 das Töchterlein von Michael Howald durch einen Sergeanten und vier Mann von der Seite der schwer kranken Mutter in die Kirche gebracht, wo es unter Zuziehung katholischer Taufpathen das heilige Sakrament empfing. Der Vater aber mußte dafür 18 Gulden oder 50 Livres bezahlen.[1]

In dem katholischen Taufbuche jener Zeit steht bei reformierten Kindern oft die Bemerkung: „Die Taufe dieses Kindes ist so lange verschoben worden, weil der Vater in hartnäckiger Weise Pathen und Pathin von der katholischen Religion nicht zulassen wollte, bis er durch die königlichen Beamten dazu gezwungen wurde."[2] Die von dem katholischen Pfarrer gewählten Taufzeugen sind übrigens bei fast allen reformierten Taufen dieselben. Es waren dies besondere Günstlinge desselben, wie der katholische Schulmeister Angelus Keilbach und die Frau des Bürgermeisters Christinet, oder Nachbarn der Kirche, die gerade zum Geschäfte des Pathenseines jedesmal von ihren weltlichen Arbeiten herbeigeholt wurden. Oft gab der Pfarrer beim Einschreiben der Taufen seiner Erbitterung über die Reformierten dadurch Ausdruck, daß er zu deren Namen das ehrende Prädikat hinzufügte: „einer von der unglückseligsten Sekte Calvins", oder: „ein Calvinist von der rechten Art."

Den zu taufenden Kindern gab auch der katholische Pfarrer andere Namen als die von den Eltern gewählten. Eine ganz besondere Vorliebe scheint der Nachfolger von Dandrimont, Franz Anton Englender, für seinen Vornamen Franz gehabt zu haben; er legte denselben, wo es nur irgend anging, den Neugeborenen bei. Von 38 Kindern, die er vom 27. Juni 1761 an taufte, heißen nicht weniger als 35 Franz oder Franziska, ein Name, der sowohl vorher als nachher äußerst selten in der Gemeinde ist.

Die Reformierten von Oberseebach und Schleithal aber wurden nie müde in ihren Anstrengungen um die Religionsfreiheit; eine

---

[1] R. K. O. u. C. O.: Liber baptismorum, 27. April 1750.
[2] So: 27. II, 1750 zweimal; 27. IV. 50; 9. I. 51; 6. VIII. 51; 8. II. 54; 19. IV. 54; 22. IV. 54; 5. VI. 54; 10. VI. 54; 26. XI. 54; 11. VI. 55; 29. IX. 56; 11. I. 57. —

willige Unterstützung fanden sie nach wie vor bei den Königen von Preußen. Im Winter 1749—50 reiste sogar ein Bürger von Oberseebach, namens Andreas Weißbeck, im Auftrage seiner Leidensgenossen nach Berlin,[1] wo er sich 5 Wochen aufhielt, um persönlich dem Könige für seine bisherigen Bemühungen zu danken und weitere Verhandlungen in Gang zu bringen. Den 19. Januar 1750, nachdem ihm zuvor der Hofprediger Sack das Geld dazu vorgeschossen, trat er seine Rückreise wieder an, die er in 18 bis 20 Tagen beenden zu können hoffte. Da die Verhandlungen mit dem Bischof und mit Frankreich bisher zu keinem Ziele geführt hatten, versuchte man es nun mit dem Kurfürsten Karl Theodor von der Pfalz. Der König von Preußen, Friedrich II., erinnerte diesen an die pfälzische Religionsdeklaration von 1705 und den 5. Artikel des Austauschvertrages von 1709 und legte ihm auf Grund derselben die Pflicht nahe sich für die Unterdrückten bei dem Bischof von Speier und der französischen Regierung zu verwenden. Aber was hatten die Schritte des gut katholischen Kurfürsten, der in seinem eignen Lande den Protestantismus auszurotten suchte, für einen Erfolg? Den 11. April 1750 wurden fünf der angesehensten Bürger von Oberseebach, namens Theobald Rittel, Andreas Weißbeck, Adam Howald, Michael Ulrich und Michael Durst auf das Rathaus zitiert, dort von fünf „Haschier" (Häschen) unter dem Befehle eines Offiziers mit Ketten gebunden, dann zuerst nach Hagenau und darauf nach Colmar ins Gefängnis geschleppt. Erst hier erfuhren sie, daß dies alles geschehen sei, „weil sie sich an den König von Preußen gewandt." Im Gefängnis wurden sie des öftern abgesondert verhört und, obwohl man keine Schuld an ihnen entdeckte, erst im Juni durch Vermittelung des Königs von Preußen wieder entlassen. Der kurpfälzische Gesandte von Grevenbroit schrieb aus Paris den 3. September 1750 an seinen Herrn, der französische Kriegsminister Comte d'Argenson habe ihm berichtet:[1] „Es wäre nicht ohne, daß einige reformierte Unterthanen zu Seebach arretieret und in die Gefängnuß gesetzet worden, man hätte dieselben aber inmittelst wieder losgelassen; und was das Religionsexer-

---

[1] R. K. O.

citium angienge, wären die Unterthanen zu Schleithal und zu Seebach in dem Gebrauch, in einen ohnweit von da gelegenen Zweibrückischen Ort in die Kirche zu gehen, und sollten daran künftig nicht gehindert werden."

Bisher hatten allerdings unsere Gemeinden einigen Rückhalt an den benachbarten Ortschaften im zweibrückischen Amte Kleeburg. Sie gingen dorthin in die Kirche, und die Geistlichen thaten zu ihrem Troste was sie nur konnten. Der reformierte Pfarrer Gervinus von Rott führte z. B. lange Jahre hindurch die Korrespondenzen mit Berlin, was ihm viele Mühe und Unannehmlichkeiten verursachte. Jedoch war es den reformierten Predigern aufs Strengste untersagt Oberseebach und Schleithal zu betreten,[1] um etwa Kranke und Altersschwache zu besuchen oder die Kinder in der Religion zu unterrichten. Die Uebertretung dieses Verbotes mußte einmal der Vikar Jüngst aus Hunspach schwer büßen.[2] Am Pfingstmontag des Jahres 1752, den 25. Mai, wollte dieser in Begleitung der beiden Schullehrer von Hunspach und Ingolsheim einen Spaziergang über Schleithal nach dem Geisberg machen. In Schleithal gingen die drei Wanderer in das Haus des reformierten Bürgers Johannes Mock, wo sie von den reformierten Leuten, die sich daselbst allmählich versammelt hatten, veranlaßt wurden, den Gang nach dem Geisberg aufzugeben und bis zum Abend zu bleiben. Als sie um 5 Uhr sich anschickten ihre Glaubensgenossen wieder zu verlassen, um nach Hunspach zurückzukehren, da erhob sich ganz plötzlich und unvermutet „ein förchterliches Gepolter an der Haußthür." Einen Augenblick später wurde die Stubenthür mit einem schrecklichen Lärm aufgerissen und herein stürzte ein Mensch mit einem von Wut entstellten Angesicht, den man an seiner Kleidung als einen Geistlichen erkennen konnte. Die Worte: „Da hab' ich den Hund, den verfluchten Hund, den Wolf, den Ketzer, den Mörder, den Erzketzer" u. s. w. bildeten den Gruß. „Da ware kein scheltwort

---

[1] Siehe oben Seite 42.

[2] Ein interessanter, sehr ausführlicher Bericht des folgenden Erlebnisses, von Jüngst selbst in wunderbar geschraubtem Stile verfaßt, befindet sich in dem reformierten Kirchenarchiv zu Hunspach (früher in Kleeburg vgl. Eppel, S. 30.)

so stachelicht, keine Lästerung so verwegen und keine Verfluchung so heillos, die er nicht herausgeworfen hätte". Jüngst fragte, wer er sei und was er wolle. Er aber sagte, er sei der Pfarrer Wachenheim von Schleithal und Jüngst sein Arrestant, und schrie aus vollem Halse: „Wache herein! Pflanzt das Gewehr auf!" Jüngst konnte die Sache nicht mehr gleichgültig ansehen, da wirklich einige mit Flinten und Picken bewaffnete Leute zur Thür hereinkamen und ihn angriffen. Noch mehr erschrak er, als er durch das Fenster einen großen Volkshaufen beiderlei Geschlechts erblickte, welche, mit Gabeln, Sensen, Dreschflegeln und ähnlichen Mordinstrumenten bewaffnet, das Haus erstürmten und in einem schreckenerregenden Geheul sich unter anderm vernehmen ließen, sie wollten Riemen aus seiner Haut schneiden, während inzwischen wieder ihr Anführer, der Priester, drohte sämmtliche anwesende Reformierte niederschlagen zu lassen. In dieser Bedrängnis appellierte Jüngst an den Schultheißen des Ortes und schickte einen seiner Schulmeister mit der Erlaubnis Wachenheims nach demselben. Nur mit Lebensgefahr konnte sich dieser hinauswagen und kam erst nach 1½ Stunden mit dem Ortsvorsteher wieder zurück. In dieser Zeit kannte der katholische Pfarrer keine Grenzen mit Schimpfen und Lästern. Er wollte sich sogar in eine Religionsdisputation einlassen, „allein da sein Gemüth von Zorn übel rangieret ware, so fiele die Ordnung seiner Sätze, die er behaupten wollte, unglücklich genug, das Lästern, Verketzern und Verfluchen aber weit beßer aus", so daß er dies Unternehmen schließlich aufgab. Nach der Ankunft des Schultheißen wurde Jüngst den weiten Weg[1] nach der Wache geführt, begleitet von einem Haufen böswilligen Volks, das ihm allerlei „Verbalschmach und schande" zufügt. Der Schultheiß zeigte Mitleid mit dem Gefangenen und nahm ihn über die folgende Nacht in sein Haus auf, wo er jedoch durch fünf Mann bewacht wurde. Den andern Morgen früh um 4 Uhr wurde er auf die Wache gebracht, wo ihm den Tag über Wachenheim in Begleitung seines Amtsbruders von Oberlauterbach einen Besuch abstattete. Beide suchten ihn durch gütliche Worte zu überreden zur katholischen

---

[1] Schleithal ist bekanntlich sehr lang. Vgl. Einleitung.

Kirche überzutreten; er könne auch da Geistlicher werden und sein Glück machen, ja sogar der Seligkeit nicht verfehlen u. s. w. Jüngst gab weniger durch Worte als durch Gebärden zu verstehen, daß er nicht gesonnen sei, seinen reformierten Glauben zu verlassen. Es kamen auch zwei Sergeanten vom regiment de St. Germain, die ihm anboten ihn aus seiner Lage zu befreien, wenn er Soldat werden wollte. Er aber sagte, er wollte lieber noch eine zeitlang auf der Schleithaler Pritsche liegen als seinen geistlichen Stand verlassen. Als beide Versuche gescheitert waren, wurde er mit Spott und Hohn überhäuft. Wachenheim schrie sogar einer Frau, die ihn besuchte, zu: „Ihr brauchet euch noch nicht zu bekümmern, euer Pfarrer wird **heute** nicht gehenket!" Auf den Abend wurden die Mannschaften verdoppelt. Den dritten Tag um 10 Uhr wurde der Vikar von dem Amtmann Schlick aus Weißenburg verhört, und etwa eine Stunde später wurde ihm das Urteil verkündet, daß er eigentlich wegen Veranlassung unerlaubter Versammlungen eine hohe Geldstrafe verdient hätte, jedoch wolle man in Anbetracht seiner Jugend davon absehen. Er solle es aber nie wieder wagen, ohne Erlaubnis der Geistlichen und Vorgesetzten in ein calvinisches Haus des Amtes Altenstadt zu gehen. Nach Verkündigung dieses Urteils wurde Jüngst durch den Büttel und die Wache zum Dorf hinausgebracht. Johannes Mock aber erhielt eine sehr empfindliche Strafe, weil jene unerlaubte Versammlung in seinem Hause stattfand. — Mit solchen Gefahren also war ein Besuch auswärtiger Pfarrer bei ihren reformierten Glaubensgenossen verbunden.

Was hatten nun die katholischen Bekehrer während der langen Verfolgungszeit erreicht? Die reichlichste Ernte hielt die katholische Reaktion in ihren ersten Jahrzehnten unter Ludwig XIV., wohl auch noch unter Kurfürst Johann Wilhelm. Der bessere Teil der Bevölkerung blieb jedoch, besonders in Oberseebach, dem alten Glauben treu. Im 18. Jahrhundert traten nur noch wenige und zwar meist vereinzelte über. Dies waren solche, die in sittlicher Beziehung nicht hoch standen, dazu entweder sehr alt oder noch jung und unerfahren waren, die Vater oder Mutter oder beide Eltern verloren hatten, oder die übertraten, nur um sich unter die Katholiken verheiraten zu können; endlich waren es auch Fremde, die bei Katholiken in Diensten standen oder sich unter dieselben verheirateten. Leute mit normalen Familienverhältnissen traten nach jenen Massenbekehrungen in der ersten Zeit der Gegenreformation nicht über, es müßten denn gerade diejenigen gewesen sein, von denen wir weiter nichts als den Namen wissen.

Es ist uns gelungen nach den katholischen Kirchenakten[1] von 1744 an folgendes Konvertitenverzeichnis herzustellen:

a) Eingeborene:

1) u. 2) 3. Mai 1744 Diobalbus Lurz mit samt seiner Tochter. Näheres über beide unbekannt.

3) 14. April 1749 Matthias Lieber, ein Mensch aus **verkommener Familie**. Er selbst war zum zweitenmal verheiratet, ohne von seiner ersten Frau, die noch lebte, geschieden zu sein. Beinahe sämmtliche Kinder, die einige Jahrzehnte aus der Familie Lieber geboren werden, sind unehelich.

4) 19. August 1750 Jacob Andres, **78 Jahre alt**.

5) 11. April 1756 Salome, geborene Rubin, Ehefrau von Theobald Lorz. Näheres unbekannt.

6) 15. Januar 1758 Maria Barbara Andres, 27 Jahre alt, Tochter der **verstorbenen** Theobald Andres und Anna Maria geb. Köbel; verheiratet sich acht Tage nach ihrem Uebertritt, den 23. Januar 1758 mit dem Konvertiten Adam Blesch aus Jungenthal.

7) Peter Jündt, Sohn der **verstorbenen** Martin Jündt und Barbara geb. Kast, schwört ab, „nachdem er sich eben von **einer schweren Krankheit** wieder erholt hatte", den 12. Januar 1773, wird in den Schoß der katholischen Kirche aufgenommen Sonntag Sexagesimä, den 14. Februar 1773 und **verheiratet** sich tags darauf, den 15. Februar 1773, mit der Katholikin, Anna Maria Frison und zwar im Alter von 17 Jahren, 2 Monaten, 14 Tagen!!

8) Den 21. Februar 1785 Barbara Lorz, „Tochter de **verstorbenen** Adam Lorz und Anna Maria geb. Högerin"

---

[1] C. O.: liber baptismorum, liber matr. conjunct. und liber defunctorum.

verheiratet sich als « neoconversa » (eben Uebergetretene) in Schleithal mit dem Katholiken Valentin Klein von Warsbach oder Frohnackerhof. Peter Jündt ist als Zeuge der Trauung unterschrieben.

9) Theobald Schatz, Sohn von Adam Schatz und der verstorbenen Katharina Nieß, schwört ab den 31. Januar 1786, wird in den Schoß der alleinseligmachenden Kirche aufgenommen den 26. Februar 1786 und verheiratet sich tags darauf, den 27. Februar 1786, mit der Katholikin Anna Maria Riehl aus Schleithal.

Nichts Näheres wissen wir von folgenden drei Proselyten:
10) Johann Michael Eckart, tritt über den 6. Mai 1782.
11) Eva Eckert, dessen Schwester, geboren den 2. Februar 1747.
12) Maria Heger, geboren 1762.

b) Eingewanderte:

13) 19. August 1750 Maria Fritsch vom Oberhof bei Hunspach, 19 Jahre alt.

14) 1. November 1765 Johannes Beckmann aus „Heiligenhausen in Bergen, entlassener Soldat aus der schweizerischen Legion."

15) 15. Januar 1758 der schon genannte Adam Blesch aus Jungenthal.

16) 24. November 1771 Christian Leuth, „Sohn des verstorbenen Bürgers Leuth aus Unblingen in Württemberg, als Knecht bei dem katholischen Bürger Adam Köbel in Oberseebach."

17) Katharina Ohley, „Tochter der verstorbenen Eheleute Ohley und Anna Maria Becker vormals in Hofen", schwört ab den 3. Januar 1786, „wurde in den Schoß der heiligen Kirche aufgenommen" den 12. Februar und verheiratet sich tags darauf mit dem Katholiken Martin Bayer.

Das ist es also, was die katholische Kontrareformation Jahrzehnte hindurch erreichte. Was sind das aber für Erfolge, verglichen mit den systematischen Maßregeln zur vollständigen Ausrottung des Protestantismus in Oberseebach und Schleithal?

In der zweiten Hälfte des Jahrhunderts mochten sich auch die Reformierten von der katholischen Kirche wenig angezogen gefühlt haben, gaben doch deren Vertreter, die beiden Pfarrer Franz Anton Englender und sein Nachfolger Christinet, das Beispiel eines im höchsten Grade liederlichen und sittenlosen Lebens.[1] Gerade der Umstand aber, daß hie und da einzelne abfielen, trieb die übrigen zu einer um so größeren Treue und Standhaftigkeit im Kampfe um ihre Religions- und Gewissensfreiheit an, trotz der vielen Enttäuschungen, die sie immerfort erfahren mußten. Um die Sache viel nachdrucksvoller zu betreiben, schickten sie von den fünfziger Jahren ab immer mehr Deputationen an ihre bischöflichen und königlichen Behörden, welche jedoch wie früher stets mit leeren Worten und Vertröstungen abgefertigt wurden. Als sich aber unsere Reformierten mit einer Bittschrift an Ludwig XV. selbst wandten, da trat die französische Rezierung mit ihrer Ablehnung offen hervor in einem Schreiben des Ministers Duc de Choiseul vom 14. Mai 1762 an den Kardinal de Rohan, Bischof und Fürst von Straßburg.[2] Die Reformierten, so heißt es da, hätten im Elsaß seit der Reunion nie freie Religionsübung gehabt. Nur an wenigen Orten sei der öffentliche reformierte Gottesdienst gestattet, welchen auch Seine Majestät nicht aufheben wolle; aber Sie werde nie gestatten, daß derselbe da, wo er bisher nicht gewesen sei, eingeführt werde. „Also", so fährt de Choiseul fort, „können Seine Majestät die Bitte der calvinistischen Einwohner von Oberseebach und Schleithal, ihren Kultus in diesen beiden Dörfern wiederherzustellen, nicht gewähren".

Der geschichtliche Nachweis für seine Behauptungen fällt Duc de Choiseul nicht schwer. Er übergeht sämtliche Verträge seit dem Westfälischen Frieden, welche für die Gemeinden sprechen, beruft

---

[1] St.: G. 5824. Protokoll eines Verhörs von 24 katholischen Zeugen gegen den Pfarrer Christinet.

[2] Die weitgehenden Vorteile, die in diesem Briefe, welcher gesetzliche Kraft erhielt, den Katholiken zugesprochen werden, sind dem Bischof von Straßburg noch lange nicht genug. Bei Schließungen gemischter Ehen hatte selbstverständlich der katholische Priester die kirchlichen Funktionen zu verrichten. Wer soll aber, so fragt der Bischof, dies thun bei „gemischten" Ehen zwischen Calvinisten und Lutheranern? Der katholische curé oder der lutherische Prediger? „Ueber diesen Punkt bittet man um eine Entscheidung, und man ist der berechtigten Hoffnung, daß der katholische curé den Vorzug erhalte." (Ord. d'Alsace II, p. 620; St: G 2621: «Observations sur quelques articles de la lettre de Mr. le Duc de Choiseul du 14. mai 1762.»)

sich vielmehr auf die Clausel zum vierten Artikel des Friedens zu Ryswick, durch welche die reformierte Religion daselbst ausgeschlossen worden sei; unter dem Bischof von Speier daure der durch die Bestimmung der Clausel herbeigeführte Zustand fort und „Seine Majestät können nicht anders als diesen letzteren Zustand weiter beizubehalten".

Bei der Entscheidung dieses Briefes, einer königlichen «Ordonnance», blieb es trotz aller Gegenvorstellungen. Zwar suchten die Seebacher und Schleithaler mit Hülfe ihrer Freunde die Gründe, welche der Duc de Choiseul anführte, zu entkräften, aber sie wurden immer wieder zurückgewiesen. So ging es fort bis zum Jahre 1780, in welchem sie nach einem letzten hartnäckigen Kampfe doch endlich den Sieg davontrugen.[1]

Im Jahre 1774 kam in Frankreich Ludwig XVI. auf den Thron. Unter ihm begann die alte Unduldsamkeit allmählich zu schwinden, um einem toleranteren Geiste, der seine laut für die Gewissensfreiheit eintretende Stimme nicht ersticken ließ, Platz zu machen. Da schöpften auch die armen Unterdrückten von Oberseebach und Schleithal nach der hundertjährigen Verfolgung wieder neue Hoffnung auf einen glücklichen Ausgang ihrer Sache. Auf den Rat guter Freunde, besonders des eifrigen Pfarrers Schimmer von Weißenburg, beschloß die Gemeinde, einen Deputierten aus ihrer eigenen Mitte vor den König nach Paris zu senden. Die Wahl fiel auf **Johann Theobald Rittel**. Derselbe war geboren den 20. November 1717 in Oberseebach. Wir sind ihm im Laufe unserer Geschichte schon einigemale begegnet, wo er sich immer als Vorkämpfer der religiösen Freiheit seiner Gemeinde auszeichnete. Es war das einmal bei jenem Auftritt in der Kirche, als der katholische Pfarrer sein Kind nur unter Zu-

---

[1] Die Quellen zu der nun folgenden letzten Zeit des Kampfes und schließlichen Sieges durch Theobald Rittel gehören lediglich dem R. K. O. an; Unsere Nachforschungen in den Pariser Archiven und den Bezirksarchiven von Straßburg u. Colmar nach dieser Richtung hin sind erfolglos geblieben. — Die Zeit des letzten Kampfes und endlichen Sieges ist von einem unlösbaren Wirrwarr von Sagen und Dichtungen umwoben in „Theobald Rittel" von L. E. Man kann auch nicht eine Mitteilung, die hier gemacht wird, für glaubwürdig halten, so lange man sie nicht durch andere Werke oder Akten bestätigt findet. (Vgl. Vorwort.)

ziehung katholischer Pathen taufen wollte; dann finden wir ihn
unter jenen fünf Bürgern, welche im Jahre 1750 nach Hagenau
und Colmar ins Gefängnis gesetzt wurden, weil sie sich in ihrer
Bedrängnis an den König von Preußen gewandt hatten. Er mochte
wohl die geeignetste Persönlichkeit aus der ganzen Gemeinde gewesen
sein, solch eine wichtige Sache in die Hand zu nehmen. Ueberall
erscheint er uns als ein Mann von tiefster Frömmigkeit, einer un-
schütterlichen Anhänglichkeit an seinen reformierten Glauben, einer
unbesiegbaren Liebe zu seiner Gemeinde, zu den größten Opfern be-
reit, von einem festen Charakter, imstande es bei der Durchführung
seiner Pläne zum Aeußersten kommen zu lassen. Rittel war ein
Mann, den die Verfolgung hervorgebracht hatte, er ist in derselben
geboren, aufgewachsen und gestorben. Eine Verfolgung ist zwar imstande, einer Gemeinde unersetzliche Verluste beizubringen, aber sie
vermag auch religiös-sittliche Persönlichkeiten hervorzubringen,
die manchen Schaden wieder gut machen. Das eine hohe Ziel, das
Rittel sich in seinem Leben gesetzt hatte: die Wiederherstellung des
öffentlichen Gottesdienstes in seiner Heimat, spannte alle seine Kräfte
in Bewunderung erregender Weise an; dies Eine verfolgte
er mit der größten Thatkraft bis zu seinem letzten Athemzuge. In
Bezug auf seine Schulbildung hatte Rittel allerdings keine hervor-
ragenden Leistungen aufzuweisen. Seine eigenhändig geschriebenen
Briefe sind manchmal schwer zu lesen — er kennt keine Interpunk-
tion und keine Orthographie — aber trotzdem verraten sie, wie
einige Proben daraus uns zeigen werden, den Geist eines Mannes,
wie man ihn heutzutage selten unter unserem Landvolke trifft. Dazu
muß man auch den Umstand in Betracht ziehen, daß es in jener
Zeit eine Seltenheit war, wenn ein Bauer überhaupt lesen und
schreiben konnte, zumal wenn er wie Rittel in einer Gemeinde lebte,
die keinen Schulmeister hatte.[1] Rittel hatte jedenfalls den meisten
Unterricht, in den Elementarfächern sowohl als auch in der Religion,

---

[1] Interessant ist es in den Kirchenbüchern des vorigen Jahrhunderts
zu beobachten, daß die Reformierten nur mit wenig Ausnahmen ihre
Namen selbst unterschreiben konnten, während die Katholiken, die doch stets
ihren Schulmeister hatten, meistens statt ihres Namens ein Kreuz hin-
malen. Es kommt sogar ein katholischer Pfarrer vor, der nicht mehr als
seinen Namen schreiben konnte.

von seinem Vater erhalten, wenn nicht etwa unter großen Schwierigkeiten in der Schule von Hunspach. Des Französischen war Rittel völlig unkundig.

Sonntag, den 14. Juli 1778 kam Rittel in Paris an,[1] wo er sogleich bei dem Hutmacher Däther, einem geborenen Straßburger, in der rue Champfleury, hôtel du St. Esprit, eine Wohnung bezog. Däther blieb ihm die 2½ Jahre seines Aufenthaltes in Paris ein treuer Freund, der ihn oft tröstete und ihm aus der Not half. In demselben Hotel wohnte auch der interpréteur Lesbische, welcher Rittel als Dolmetscher viele Dienste leistete. Das Essen hatte Rittel bei M. Brayer, maître doreur, rue St. Martin, für 20 sous täglich. Gleich nach seiner Ankunft in Paris ging Rittel zu dem Herrn de Silvestre, rue du Chantre St. Honoré, an welchen er durch Professor Scherer aus Straßburg empfohlen war. De Silvestre war damals avocat au Parlement, später avocat au conseil du roi, welch letztere Stelle er sich für 53000 livres kaufte. Dieser äußerst geschickte Mann leitete den Prozeß an dem königlichen Hofe. Er konnte geläufig deutsch sprechen und schreiben, wenn auch nicht ohne Fehler. Aus seinen Briefen bekommt man den Eindruck, daß es ihm weniger um die Sache selbst zu thun war, als um seinen eigenen Ruhm und Gewinn. Als er die Nachricht vom Sieg meldete, schrieb er als Ueberschrift des Briefes: „Lust und Freude und besonderlich immerwährender Ruhm!" Er hoffte in ganz Europa genannt zu werden, da durch seine Bemühungen vom König ein arrêt erlassen wurde, „welcher", wie er selbst schreibt, „seit 1685, der Aufhebung des Ediktes von Nantes, ist das erste Exemplar von einer bestifte und unbestörliche Erbulbung — „Alle Leute sagen, daß dieses Mir wird in der Ganze Elsaß und bis in Holland und in Preußen, und Schweden viel Ruhm machen". Nach der Beendigung des Prozesses erhielt de Silvestre neben einem recht an-

---

[1] Die Abreise von Oberseebach geschah nicht im November, wie L. E. schreibt. Die Beschreibung der Kirchweihe in Oberseebach, die Geschichte mit dem Spion, dem Pater Ignatius, der Reise, der Zusammenkunft Rittels mit Dichter Pfeffel in Colmar, dies alles ist Dichtung. — In Paris angekommen betet Rittel nach L. E. das Lied: „In allen meinen Thaten" nach der Redaktion des Straßburger Gesangbuches von 1850!!

sehnlichen Geschenke, bestehend aus der kurz vorher erschienenen
großen Encyklopädie, ein Honorar von 100 Louis d'or oder 2400
livres, eine für die damalige Zeit recht bedeutende Summe. De
Silvestre führte Rittel schon am Tage nach seiner Ankunft zu dem
schwedischen Gesandtschaftsprediger, dem edlen Professor de Bäer,
welcher sich stets treu und redlich der Sache annahm. De Silvestre
bezeichnet diesen Mann in seinem mangelhaften Deutsch als „un-
verbesserlich". De Bäer hatte einen Schwager in Straßburg, den
Kaufmann Rekopp, der sämmtliche Wechsel von Oberseebach nach Paris
besorgte. Schon Freitag, den 19. Juli, besuchte Rittel mit de Syl-
vestre Herrn Pfeffel in Versailles, welcher die einflußreiche Stellung
eines premier commis au bureau de la guerre innehatte. Pfeffel
nahm Rittel, der auch durch de Bäer an ihn empfohlen war, sehr
zuvorkommend und freundlich auf und „befahl" ihm sogar in Versailles zu bleiben und mit seinen Leuten zu essen, damit er sein
Geld sparen könnte, was jedoch Rittel ausschlug, weil er sich stets in
Paris in der Nähe seines Abvokaten aufhalten mußte. Eine
andere Person soll hier noch der Ehrenrettung wegen genannt werden,
der holländische Gesandtschaftsprediger Armand. Dieser spielte nicht
den Verräter, wie er in dem Büchlein von L. E. erscheint, sondern er hat sich sehr verdient gemacht um Rittel und seine Sache.
Wo Rittel auch hinkam, erwarb er sich Freunde. Er selbst schreibt
hierüber am 2. Brachmond 1780 Folgendes: „.... ich hab alle
ehr unt vergnigen bei allen Herrn wo· ich zu ihnen muß sie begegnen
mir mit aller heflichkeit um der Sachen willen das ist es was
ich gebiet habe wo ich von hauß weg bin daß der liebe heilant ihre
herzen regiere daß sie nicht anderst den freinblich mit mir reten
mießen wie der eßau mit dem iachob ich hab viel ehr bei allen sie
lieben mich daß ich mich verwuntern muß weil ich dieser Sache
halber mich angenommen hab. . . ." Ein anderer Mann, der an
dieser Stelle genannt zu werden verdient, ist der lutherische Pfarrer
Schimmer von Weißenburg, früher Sekretär bei Pfeffel in Colmar.
Dieser Mann hat sich unendliche Mühe gegeben für die Gemeinde.
Er führte mehrere Jahre hindurch die Korrespondenzen zwischen
Oberseebach und Paris. An ihm hatte die Gemeinde in dem letzten
Jahrzehnt der Verfolgung einen treuen, väterlichen Freund und Be-

rater, der keine Anstrengungen und Opfer scheute, um den Unterdrückten zu helfen.

Am zweiten Tage nach seiner Ankunft in Paris, den 16. Juli, schrieb Rittel seinen ersten Brief nach Hause. Er spricht darin die besten Hoffnungen für das Gelingen seines Unternehmens aus und glaubt bald das Ende der kirchlichen Not seiner Gemeinde zu sehen. Doch sollte dies nicht so schnell geschehen, denn auch katholischerseits war man nicht unthätig, um die Sache zu hintertreiben. Zunächst brachte ein Beamter auf der Intendance in Straßburg, Doyen mit Namen, eine große Verzögerung. Er sollte ein Schriftstück beglaubigen, in welchem bestätigt wurde, daß Rittel wirklich Deputierter der Gemeinde Oberseebach und Schleithal war. Nach den bestehenden Gesetzen durfte Rittel ohne diese Bestätigung die Bittschrift bei dem Könige nicht einreichen und jemand anders durfte es auch nicht. Doyen läßt sich nun bitten von Oberseebach, von Weißenburg, von Paris aus, ganze Stöße von Briefen werden an ihn geschrieben, aber das Schriftstück erscheint nicht. Freunde der Seebacher und Schleithaler in Straßburg, wie der Professor Scherer, Herr von Henneberg aus dem Rate der Dreizehn, der Kaufmann Rekopp und andere sprechen öfter persönlich bei ihm vor, er aber weiß dieselben zu täuschen und zwar in einer solchen Weise, daß sie in seine Ehrenhaftigkeit und Aufrichtigkeit durchaus keinen Zweifel setzen. Doyen verspricht fortwährend das Schriftstück abzusenden, aber vergeblich warten Rittel und de Silvestre in Paris mit Schmerzen von Woche zu Woche, von Monat zu Monat. Doyen nimmt inzwischen sogar ein Geschenk von 6 Louis d'or oder 144 livres von den Gemeinden an, — aber das Schriftstück erscheint überhaupt nicht. Zwar schrieb Doyen im Juli 1779, also gerade ein Jahr nach der Ankunft Rittels in Paris, an Herrn de Silvestre, aber schickte er ihm etwa das lang ersehnte Schriftstück? Er teilte ihm bloß mit, daß der Intendant den Entschluß gefaßt habe, Deputationen von Gemeinden aus dem Elsaß an den Hof überhaupt zu verbieten, da sie in der letzten Zeit zu oft vorgekommen seien, und forderte die Rückkehr Rittels nach Oberseebach. Was war da zu thun? De Silvestre war zwar imstande nachzuweisen, daß der Intendant nach den bestehenden Gesetzen gar nicht das Recht hatte, Deputationen zu verbieten, aber er hielt es nicht für geraten, sich diesem hohen Herrn zu widersetzen. Inzwischen war es trotzdem, im Monat März, Herrn de Silvestre, der des langen Wartens müde war, gelungen, die Bittschrift, mit den Rechtfertigungsgründen versehen, bei dem Staatsrate einzureichen. Es wurde zwar alles gut aufgenommen, aber bevor die Sache entschieden werden konnte, mußte sie an den Intendanten von Straßburg und den subdeligué von Weißenburg gesandt werden, um deren Gutachten einzuholen. Welche Zeit nahm dies wieder in Anspruch! Was innerhalb einiger Wochen hätte abgefertigt werden können, dauerte noch über $1^1/_2$ Jahre. Den 25. Mai wurde, wie man de Silvestre in Paris mitteilte, die Bittschrift an den Intendanten nach Straßburg geschickt. Im Monat Juli sprach sich dieser einer Deputation von Oberseebacher Bürgern gegenüber, die zu ihm nach Jllkirch gekommen war, aus, er wisse nicht genau, ob sie schon nach Weißenburg an den Herrn Saboul geschickt sei oder nicht; der wahrheitsliebende Herr Doyen dagegen versicherte zu gleicher Zeit Herrn Henneberg, daß die Bittschrift überhaupt noch nicht aus Paris angekommen sei. Woran lag die Schuld? De Silvestre selbst schreibt am 30. Okt. 1779 an Pfarrer Schimmer: „Alle acht Tage schreibe ich hin und her, damit man sich deswegen beschäftigt, und doch sehe ich noch kein Ende. Ja! das wundert mich. Ich sperre die Augen auf und bin blind". — Der Bischof von Speier war es, der die Hände mit im Spiele hatte. Jetzt hätte er Gelegenheit gehabt zu zeigen, daß es ihm mit seinen und seiner Vorgänger Versprechungen der Gemeinde gegenüber ernst war, statt dessen aber ruhte er nicht, offen und im Geheimen gegen dieselbe zu arbeiten, sandte ungünstige Gutachten nach Straßburg und Paris und gewann durch seine Kreaturen mehrere französische Beamten, welche die Verzögerung herbeiführten. — Endlich, im November 1779, kamen die Papiere aus Straßburg nach Paris zurück und erst im Juni des folgenden Jahres kam das schriftliche Gutachten des Intendanten dem Advokaten zu Gesichte. Acht grobe Entstellungen entdeckte dieser mit leichter Mühe darinnen, unter andern, daß nur 40 reformierte Familien in Oberseebach und Schleithal seien, während es 104 waren, und daß schon seit 160 Jahren kein reformierter Gottesdienst mehr daselbst gehalten worden sei, während die Zahl nur 100 betrug. Aus diesen und andern Gründen wollte der Intendant nur die Errichtung einer Schule, aber nicht einer Kirche und des Gottesdienstes gestatten. De Silvestre hatte also nicht nur die Intriguen des Bischofs von Speier zu vereiteln, sondern auch das Gutachten des Intendanten wirkungslos zu machen, was wiederum neue Arbeit verursachte. Wohl 50 Mal reiste er mit Rittel nach Versailles und verbrauchte Unmassen von Papier und Siegelwachs. Aber er und Pfeffel deckten ohne Scheu die Hinterlist der Feinde auf, sodaß diese schließlich das Feld räumen mußten. — Nur Eines stand nun noch im Wege, der schon erwähnte Brief des Duc de Choiseul vom 14. Mai 1762, welcher bereits gedruckt vorlag und für das Elsaß die Geltung einer königlichen Ordonnanz hatte. Besonders schwierig war dieser Punkt, da ein gewisser Herr de Campi, welcher als Sekretär des Duc de Choiseul damals den Brief mitausgearbeitet hatte, jetzt noch lebte und eine einflußreiche Stellung bekleidete. Allein es gelang auch diesen bald auf Grund beigebrachter geschichtlicher Zeugnisse von den Irrtümern im Briefe zu überzeugen, und so konnte man endlich nach einem 2½ jährigen Prozesse einer günstigen Lösung der Verwickelungen entgegensehen.

Wie ging es aber unterdessen unserm wackeren Rittel in Paris? Nachdem die Bittschrift bei dem Hofe eingereicht war, hätte er nach Oberseebach zurückkehren können, er wollte aber dies nur nach Erlangung der Religionsfreiheit thun, und sollte er in Paris das Schlimmste erleben. Unermüdlich war er thätig und opferte seine ganze Lebenskraft für seine Heimatgemeinde auf; in allzugroßem Eifer that er sogar manchen Schritt, der seinem Advokaten und de Bäer lästig war. Jeder, der ihn kannte, gab ihm das beste Zeugnis. So schreibt Professor de Bäer den 10. August 1780: „Ich kann seinen Eifer, seinen Fleiß, seine unsäglich angewandte Mühe nicht genug loben. Ich kann wirklich sagen, daß ohne sein inständiges Betreiben die Sache noch lange hätte hängen bleiben können". Ja, er hat viel gearbeitet; von ihm hing eine Zeitlang alles ab. Herr de Silvestre schreibt: „Herr Rittel ist nicht vergebens hier, und ging er vom Platze fort, so möchte alles verloren gehen". Bei allen seinen Anstrengungen hatte er noch stets mit dem Notwenbigsten, was zum Lebensunterhalt gehört, zu kämpfen. Er kam während seines ganzen Aufenthaltes in Paris nie aus den Nahrungssorgen heraus, ja sogar wirklichen Mangel litt er, sowohl aus allzugroßer Sparsamkeit für seine Gemeinde, welche in jener Zeit unerschwingliche Summen aufzubringen hatte, als auch, weil seine Mitbürger in Oberseebach und Schleithal nicht immer sehr eilig waren, ihm das nötige Geld zu schicken; oft mußten ihm seine Freunde mit Vorschüssen aus der Not helfen. Doch bei alledem verliert er sein Gottvertrauen nicht. Wie ergeben klingt doch folgende Stelle aus einem seiner Briefe: „der liebe heilant wird alle falsche und böse ratschläge zerstehren die sie wieter sein wort unt seine kirche erdenken denn der liebe heilant wirt gewißlich die brenen unt baß gebet so fiel daußend Sehlen erheren die dag und nacht zu ihm schreien der Gott des frietens gebe unßerem Könich Salomohniß Weißheit unt regier ihm Sein herz daß sein efangelium erschale in seinem ganzen lant . . . ." Welche Kämpfe müssen in der Brust dieses Mannes ausgerungen worden sein! Dazu quälte ihn schon seit dem Anfang seines Aufenthaltes in Paris ein unüberwindliches Heimweh. Schon am 28. November 1778 schreibt er: „Wenn ich gewußt hette daß mirs so schwehr fällt so were ich nicht nach bariß gegangen und wenn ihr mir 100 luitohr gegeben hettet", aber was er einmal angefangen hatte, wollte er um keinen Preis wieder aufgeben. Die Sehnsucht nach seinem heimatlichen Dorfe, seiner lieben Frau und seinen acht Kindern[1] klingt in jedem seiner Briefe durch. Wie rührend ist z. B. folgende Stelle vom 5. Brachmond 1779: „. . . . der liebe heilant wirt meine brenen unt Gebet gewißlich erhören unt mich witter heimholen zu meinem Weib und kinter wann ich heimkomme So wollen wirr miteinander anstimmen das liet nun danket alle Gott . . . ." Doch dies war ihm nicht vergönnt; bei der Einweihung des neuen Gotteshauses in Oberseebach, das er mit seinem Leben erkaufte, mußte dies Lied ohne ihn gesungen werden. — Hier noch eine Stelle aus

---

[1] Von seinen Söhnen war nur einer verheiratet, von welchem der letzte direkte Nachkomme vor Kurzem gestorben ist. Von einer Tochter hingegen, welche mit einem Bürger namens Meder verheiratet war, leben noch heute viele Nachkommen in Oberseebach.

einem Briefe vom 9. März 1780: „... ich bin gewiß das der liebe heilant mein Gebet und brenen gewißlich erhören wirt denn ich schreie zu ihm dag und nacht ich habe nicht geglaubt daß mirs so schwer fallen wirt in bariß ich kann mich fast nicht mehr trösten aus Gotteswort von wegen meiner alten frau unt kinter unt der langen zeit unt die große kösten ich bin so miet von seifzen mein hertz schreit in mir dag und nacht...." Natürlich wirkten dieser Seelenzustand und die übermäßigen Anstrengungen sehr nachteilig auf seine Körperkräfte. Er schreibt selbst: „Meine sorgen unt engster haben mir in meine glieter geschlagen weil ich so lange hier bleiben muß ich hab ein halb iahr nicht gehn können....." So nahmen denn seine Kräfte immer mehr ab; im Juni 1780 war er schon so schwach, daß er seine Briefe nicht mehr eigenhändig schreiben konnte. Da traf ihn anfangs August ein Schlagfluß, der seine ganze linke Seite lähmte nnd ihn der Sprache beinahe völlig beraubte. Auf Veranlassung seiner Freunde, und nicht am wenigsten des Predigers Armand (!), wurde er den 9. Augnst in das Krankenhaus der holländischen Gesandtschaft gebracht, wo er von seinen Glaubensgenossen unentgeltliche Pflege erhielt. Dort lag er sieben Wochen fast ohne Bewußtsein. „Nur wenn die Hitze etwas nachließ", so berichtet sein Hausherr Däther, „lamentierte er mit seinen Händen nach Frau und Kinder und man wurde von ihm nichts anderes gewahr, als daß er lamentierte, daß er all sein Vermögen und Kräfte hat angewandt und dennoch in so langer Zeit nichts hat ausrichten können". „Es war", so schreibt sein Kostherr Brayer, „wie wenn er nicht leben und sterben konnte, bis er jemand von den Seinigen gesehen hätte". Seine innerliche Krankheit war jedoch nach den Aussagen des Chirurgus Silvie nicht direkt lebensgefährlich, aber vom langen Liegen bekam er zwei große Wunden am Körper, zu welchen sich der Brand gesellte, der seinem mühevollen und entsagungsreichen Leben ein Ende machte am 25. September 1780 gegen Mittag 12 Uhr.[1] Den 26. September, abends 8 Uhr, wurde er auf dem cimetière des étrangers begraben. Der Com-

---

[1] So starb Rittel und ist nicht ermordet worden, wie L. C. erzählt. Schuhpeter sowohl als Pater Ignatius sind fingierte Persönlichkeiten.

missaire Duchesne, Däther und der Schlossermeister Wagner fuhren auf einem Fiaker hinter dem Sarge her. Die Beerdigungskosten wurden von der holländischen Krankenkammer bezahlt.

Mittel starb, ohne den Erfolg seiner Bemühungen gesehen zu haben, jedoch waren bei seinem Tode die Sachen im besten Gang. Hätte er nur einen Monat länger gelebt, so hätte er sich des Sieges noch freuen können, denn schon am 21. Oktober 1780 wurde im Staatsrate der Prozeß zu Gunsten der Gemeinde entschieden, und den 11. Dezember erschien die von Ludwig XVI. eigenhändig unterschriebene Verordnung, welche in der Uebersetzung folgendermaßen lautet:[1] „Se. Majestät haben erlaubt und erlauben zu Oberseebach oder zu Schleithal Schulen zu errichten, worin die protestantische Jugend männlichen und weiblichen Geschlechts, welche in diesen beiden Ortschaften zu Hause ist, unterrichtet werde. Seiner Majestät Wille dabei ist, daß dieser Unterricht zweien calvinischen Lehrern anvertraut werde, dern Wahl Sache der Bittsteller sei und von denen der eine dem andern untergeordnet sein solle. Se. Majestät bevollmächtigen hiermit den Hauptlehrer die Gebete zu verrichten, die Ermahnungen und Predigten zu halten und das Abendmahl auszuteilen an einem besonders dazu bereiteten Orte; doch soll er sich des Taufens, Begrabens und Trauens enthalten, welche Rechte ausschließlich dem katholischen Pfarrer verbleiben sollen. Die Bittsteller sollen übrigens für Errichtung der Gebäude, deren Unterhalt und die Besoldung der Lehrer selbst sorgen. Se. Majestät wollen und befehlen hiermit dem Herrn Intendanten diese gegenwärtige Verfügung genau in Erfüllung zu setzen..."

---

[1] Das Original R. K. O.

Dritter Abschnitt.

Die Zeit der Religionsfreiheit (1780—)
Pfarrer Bleyenstein. — Bau des Bethauses.

Wer kann den Jubel beschreiben, den die Nachricht von dem königlichen Erlaß in Oberseebach und Schleithal hervorrief! In einem von allen Familienvätern unterschriebenen Schriftstück gaben die nun von der Gewissenstyrannei Erlösten sofort ihrem Dankgefühl Ausdruck und verpflichteten sich gegenseitig jeder nach seinem besten Vermögen zum Bau eines Gotteshauses und zum Unterhalte der beiden zu berufenden Lehrer beizutragen. Aber auch die katholischen Gegner ruhten immer noch nicht; aus Aerger über ihre erlittene Niederlage strengten sie alles an, um das königliche Dekret wieder rückgängig zu machen. Wiederholt kamen von Weißenburg und Straßburg Berichte nach Paris, in welchen die Reformierten von Oberseebach und Schleithal vaterlandsfeindlicher Umtriebe, zu welchen sie der zweite lutherische Pfarrer Leonhard von Weißenburg verleitet haben sollte, beschuldigt wurden. Aber am Hofe, wo ein anderer Geist herrschte als vor einigen Jahrzehnten, hatte man längst die Intriguen der Fanatiker durchschaut und schenkte ihnen kein Gehör mehr.

Durch die königliche Verordnung vom 11. Dezember 1780 hatten die Reformierten nur die Religionsfreiheit erhalten, nicht aber bürgerliche Gleichberechtigung; deshalb durften sie nicht einen Pfarrer, sondern bloß einen „Religionslehrer" erwählen, welchem wiederum nur die Predigt und die Verwaltung des Abendmahles gestattet war; die Taufen, Trauungen und Beerdigungen sollte nach wie vor der katholische Pfarrer verrichten, aber nicht als Diener seiner Kirche, sondern in seiner Eigenschaft als Standesbeamter behufs Einschreibung in die Kirchenbücher, welche damals zugleich Zivilstandsregister waren. Als Pfarrer der Gemeinde, d. h. als Religionslehrer der Erwachsenen, wurde Franz Bleyenstein aus der Schweiz berufen, der am 23. Juni 1781 sein Amt antrat und sich, nach seinen hinterlassenen Schriften und Registern zu urteilen, als einen eifrigen und treuer Diener der Kirche erwies und imstande war in einer 100 Jahre lang verwaisten Gemeinde neue Ordnungen und Verhältnisse zu schaffen. Nur kurze Zeit unterwarf sich Bleyenstein der Beschränkung seines Amtes; bereits am 15. Oktober 1781 taufte er das erste Kind[1] und nahm den 26. Oktober die erste Trauung vor. Dem katholischen Pfarrer half es nichts, daß er sich beklagte über diese »insolentiam Chymnasiarchi sive Ludimoderatoris primarii Calviniani;[2]« er mußte zufrieden sein, daß er als Einschreibegebühr für jeden kirchlichen Akt «20 Solidos» bekam. Die völlige Emanzipation der Reformierten von dem Einfluß der katholischen Kirche geschah erst allmählich und unter großem Widerstande des katholischen Geistlichen, der auf seine herkömmlichen Rechte nicht gerne verzichten wollte. So mußten es sich die jungen Eheleute noch mehrere Jahre hindurch gefallen lassen zur Einschreibung und Bezahlung der entsprechenden Gebühren zum katholischen Pfarrer zu gehen, jedoch thaten sie dies immer erst dann, wenn sie durch die weltliche Obrigkeit dazu gezwungen wurden[3]. Diejenigen Brautleute, welche in irgend einem Verwandt-

---

[1] Röhrich schreibt Seite 530 irrig: „Doch wagte es Bleyenstein seit dem Jahre 1791, des heftigsten Widerspruches des Priesters ungeachtet, jene kirchlichen Handlungen selbst zu verrichten, und sein Wagestück hatte glücklichen Erfolg." Im Jahre 1791 war doch die Macht des katholischen Klerus schon gebrochen, sodaß es von Bleyenstein nicht mehr als ein Wagnis erscheinen kann, wenn er selbst tauft, traut und beerdigt. Röhrich setzt das „Wagestück" ein volles Jahrzehnt zu spät an. Von einem Druckfehler kann nicht die Rede sein sowohl nach dem Contegt der Stelle als auch aus dem Grunde, daß sowohl im „Kirchen- und Schulblatt" als auch in den „Mitteilungen" dieselbe Jahreszahl 1791 steht.

[2] "Frechheit des calvinistischen Oberlehrers". C. O.: liber matr. conj.

[3] Nur ein Fall soll angeführt werden: Andreas Meder, der sich mit Katharina, der Tochter von Theobald Rittel, den 21. Mai 1784 verheiratet „hat sich, gezwungen durch ein obrigkeitliches Dekret, erst den 9. Juli 1785 unterschrieben."

schaftsverhältnisse zu einander standen, oder sich «in tempore vetito» (Passionszeit) verheiraten wollten, mußten vor der Kopulation einen Dispens von der katholischen Kirchenbehörde einholen. Der letzte nachweisbare Fall dieser Art ist datiert vom 9. Januar 1790. Das bekannte Toleranzedikt Ludwigs XVI. vom 21. Oktober 1787, welches den reformierten Gemeinden Frankreichs vollständige bürgerliche Gleichberechtigung mit den Katholiken zusicherte, kam in Oberseebach und Schleithal erst während der Revolution zur gänzlichen Durchführung.

Gleich nach dem Amtsantritt Bleyensteins wurde der Bau des Bethauses in Angriff genommen und mit dem größten Eifer betrieben. Einstweilen fand der Gottesdienst in einem Privathause statt, in welchem sich die Reformierten trotz des „abscheulichen Unfuges," den die Katholiken wiederholt an demselben verübten, nicht stören ließen. Einen wahren Heißhunger zeigte die Gemeinde nach der evangelischen Predigt und Seelsorge, welche sie 100 Jahre lang hatte entbehren müssen. Bleyenstein mußte in der Woche 6 bis 7 Mal predigen und die Kranken sehr oft besuchen; der Zudrang zur Kommunion war des Sonntags immer sehr stark.[1] Groß war auch die Opferwilligkeit der Leute; neben den sehr bedeutenden Kollekten in den Gottesdiensten leisteten sie noch viele außerordentliche Beiträge. Aber der Aufenthalt Rittels in Paris und was alles damit verbunden war, hatte schon fast unerschwingliche Summen gefordert und ihre Mittel beinahe erschöpft, so daß sie sich genötigt sahen, die Hülfe ihrer Glaubensgenossen anzurufen, was sie nicht vergeblich thaten. Mehrere Bürger unternahmen eine Kollektenreise mit Empfehlungen vom Kirchenrat Mieg in Heidelberg für die Pfalz und vom Prediger Armand für Holland;[2] aus dem Elsaß, der Schweiz und verschiedenen deutschen Ländern flossen ebenfalls zahlreiche

---

[1] Privatkorrespondenz Bleyensteins mit dem reformierten Pfarrer La Roche von Straßburg R. K. O.

[2] Wieder ein Beweis, daß Armand nicht der Verräter ist, wie er bei V. E. erscheint. Wohl durch seine Vermittelung flossen folgende Beiträge:

«De Wel. Eerw. Kerkenraad van Amsterdam	100 Gulden.
Diaconi derhofgeref gemeint te Amsterdam	50 "
Walscho Diaconi d'Amsterdam	25 "
Lutherische Gemeinde zu Amsterdam	50 "

Unterstützungen; auch der König von Preußen spendete einen namhaften Beitrag. Unter diesen Umständen konnte der Bau des Bethauses im Jahre 1782 rasch von statten gehen, und am Sonntag Jubica den 6. April 1783, wurde dasselbe eingeweiht.[1] Die Predigt, bei dieser Gelegenheit von Pfarrer Bleyenstein über Psalm 100 gehalten, ist gedruckt worden, weil sie wegen der Menge anwesender Fremder von vielen nicht gehört werden konnte, und wird heute noch von manchen Seebacher Familien als ein teures Andenken bewahrt.

Ueber die Zeit der französischen Revolution wissen wir aus Oberseebach und Schleithal nicht viel. Es scheint, daß der katholische Pfarrer einige Monate von seiner Gemeinde entfernt sein mußte, während der reformierte ungestört bleiben und seine Pfarrkinder in mancher schweren Bedrängnis beschützen konnte. Durch seine Fürsprache ist die Hinrichtung eines Schleithaler Bürgers, welcher sich weigerte für verkauftes Getreide Assignaten statt klingender Münze anzunehmen, verhütet worden. Unter Pfarrer Neußel, dem Nachfolger Beyensteins, durfte 16 Monate lang kein öffentlicher Gottesdienst abgehalten werden. Als die Kirchengüter durch die konstituierende Nationalversammlung eingezogen wurden, ging das im Seebacher Bann gelegene Kirchenvermögen von 80 Morgen nebst 2 Häusern verloren, während 60 Morgen im Schleithaler Bann erhalten blieben. — Der bekannte Pfarrer Fontaines[2] war auch einige Zeit in Oberseebach; jedoch ist uns über seine Thätigkeit daselbst nichts bekannt.

Das im Jahre 1783 eingeweihte Gotteshaus durfte sich nicht allzusehr von einem gewöhnlichen Wohnhause unterscheiden, weßhalb es auch weder Turm noch große Kirchenfenster erhalten hat; sogar ein Schornstein mußte auf der Dachfirst sichtbar sein, obwohl kein Ofen darinnen stand. Der jetzige Turm wurde später, als andere Zeiten eingetreten waren und die Mittel der Reformierten es erlaubten, im Jahre 1829 hinzugebaut und mit drei harmonischen

---

[1] Die Kopulation von Hans Abel, Chrismann und Magdalena Schmid ist nicht die erste (L. E. S. 95), sondern die 27. in dem neuen Gotteshause, die 35. seit dem Amtsantritt Bleyensteins, nicht 1782, sondern 1789.

[2] E. Mühlenbeck, Etude sur les origines de la Sainte-Alliance. Paris-Strasbourg, 1887.

Glocken versehen. Im Jahre 1808 wurden eine Orgel angeschafft und Emporbühnen hergestellt, da die Gemeinde stetig zunahm. Vor 100 Jahren betrug sie in Oberseebach 410, in Schleithal 53 Seelen, heute leben in beiden Dörfern zusammen etwa 1000 reformierte Personen und bilden eine der ansehnlichsten reformierten Gemeinden des Unter-Elsaß. Mit der Vermehrung der Bevölkerung mußte auch die Schule eine Erweiterung erfahren. Während vor 100 Jahren ein Lehrer für alle Kinder genügte, wurde 1855 eine Lehrerin für die Mädchen und 1882 eine zweite Lehrerin für die Kinder beider Geschlechter vom 6. bis zum 8. Lebensjahre angestellt.

Die Reformierten von Schleithal, welche früher den Gottesdienst in Oberseebach besuchten, haben seit 1852 ein eigenes Gotteshaus; Kirche, Schule und Wohnung für den Lehrer befinden sich unter einem Dache.

Anhang.

I. Verzeichnis der Pfarrer von Oberseebach u. Schleithal.

Zusammengestellt von Herrn Pfarrer Lutz, ergänzt vom Verfasser.[1]

A) Oberseebach:

Martin Spörlin*	1569
Johann Ebinger*	1570
Johann Backhaus*	1572
Michael Eckert*	1577
Johann Schanzenbach	1587
Johann Bicäus	1618
Mathias Hed*	1626
Johann Faber*	1627
Johann Burkhard*	1630
Peter Kalter*	1632
Johann Jacob Beer*	1633
Jacob Bintz*	1635
Georg Neubert	1655
Abraham Benker	1657
Gerlach Nieß*	1664
Nicolaus Fromigius	1667
Georg Haubach	1669
N. N. Og, hat sein Amt nicht angetreten	1679
Johann Rilly*	1683
(Gerbinus, nur vorgeschlagen)	1707
Flud*	1707
Michael Artzen	1707
Bides, bloß ernannt	1709
Christiani, bloß ernannt	1709
Serini*, bloß ernannt, hat die Stelle nicht angetreten	1722

B) Schleithal:

Michael Eckert	1570—1571
Hudelins	1572?–1573
Johann Fontanus	1577— (?)
Peter Postelius	1597
Johann Rottengatter	1602—1603
Martin Hoffmann	1603—1604
Elias Hoffmann, Diakon	7. Okt. 1603
Emanuel Gadelmann, Diakon und Schulmeister	8. Mai 1606
Johannes Weid, Diak. u. Schulm.	17. Sept. 1607
Balthasar Löser, Diak. u. Schulm.	12. Okt. 1608
Jos. Nicolaus Wentz, Diakon u. Schulm.	14. Juli 1609
Johann Langsdörffer, Diakon u. Schulm.	21. Mrz. 1611
Nicol. Redarius, Pfr.	14. Aug. 1611
Johann Mayor, Stegensis, Diakon und Schulmeister	9. Dez. 1612
Heinrich Pfundstein, Diakon u. Schulm.	10. Dez. 1617
Rud. Horned, Pfarrer	1626
Matthias Hed, Pfr.	1627—1631
Jacob Cremerius, „	1632—1635
Isaak Ostertag, „	1633
Jacob Bintz, „	1649
Johann Frosch, Pfarrer	1649—1656
Joh. Heinrich Wurtzius, Pfarrer	1657—1663
Abraham Benker, Pfr.	1664—1668

C) Oberseebach und Schleithal (Filial):

Franz Bleyenstein	1781
Reußel*	1792
Fontaines	1795
Ullmann	1797
Exter	1805
Bed	1835—1839
Elles	1840—1882
Bikar Hösli	1875
Bikar Lutz	1876
J. A. Lutz	1882—

[1] R. K. O.; C. A.; K. Die mit * bezeichneten nennt Röhrich nicht (im Ganzen 15), II. 540; von Schleithal kennt er gar keinen.

II. Die uns bekannt gewordenen Lehrer von Oberseebach seit 1782 sind:

Gentes.
Joh. Georg Daußmann
  (aus Wilgartwiesen) 1800—1835(?)
Präzeptor Werner
  (aus Hunspach) . 1829—1833
Präzeptor Martin
  Lortz (Oberseeb.) 1834
Martin Lortz . . . 1834—1879
Präzept. Darstein
  (nachher in Rott).
Präz. Rehberger
  (nachh. in Furchhausen).
Präzeptor Bachert
  (n. i. Schleithal).
1855 Errichtung b.
  Mädchenschule.
Emil Lortz (dessen Sohn,
  jetzt in Bischweiler) . 1879—1886
Heinrich Fettig (jetzt in
  Hagenau) . . . . 1886—1890
Michael Bronner . . 1890—

III. Verzeichnis der Lehrerinnen von Oberseebach.[1]

a) Für die Mädchen von 8—13 Jahren:

1. Emilie Teichman . 1855—1857
2. M. Heuser . . . 1857—1858
3. Julie Baber . . . 1858—1861
4. Salome Marzolf . 1861—1866
5. Emilie Geyer . . 1866—1867
6. H. Magd. Leemann 1868—1885
7. Salome Aberth . 1885—1892
8. Christine Brickli . 1892—

b) Für die Kinder von 6—8 Jahren:

1. Albertine Jacob . 1882—1887
2. Bertha Darstein . 1887—1892
3. Leonie Fuhrmann 1892—

IV. Verzeichnis der Lehrer von Schleithal.

Zusammengestellt von Herrn Pfarrer Lutz.

a) Winterschullehrer:

Sager.
Haas (aus Steinselz).
Hühnervaut.
Adam (Hermersweil.).
Fuchs (Oberseebach).
Eckhardt.
Robertus (1815).
Balzel (Oberseebach).
Feindel (Rott).
Adam (Kleeburg).
Ackermann (Pfalz).
Gentes (Pfalz).
G. Daußmann (Oberseebach).
Gentes (zum 2. Mal).
Barthel.
Ball (Pfalz).
Esch (Kröttweiler).
Bächtel.
Roller (Obers.).

b) Schullehrer seit dem Bau des Schul- u. Bethauses (1852):

Engel . . . . . 1852—1854
Schäfer . . . . 1854—1856
Phil. Bachert . . 1856—1866
Engel . . . . . 1866—1867
Martzloff . . . 1867—1872
Emil Lortz . . . 1872—1879
Frl. Aline Köhler . 1879—1886
Georg Rippert . . 1887—1888
Heinrich Meyer . 1889—1891
Georg Winter . . 1891—

---

[1] Archiv der evangl. Mädchenschule in Oberseebach.